U0506806

风物流变

《老照片》编辑部 编

山东画报出版社

济南

图书在版编目（CIP）数据

《老照片》精选集. 卷二. 贰, 风物流变 / 《老照片》编辑部编. -- 济南：山东画报出版社，2025. 3.
ISBN 978-7-5474-4799-4

Ⅰ . K260.6

中国国家版本馆 CIP 数据核字第 2024AM8482 号

FENGWU LIUBIAN

风物流变

《老照片》编辑部 编

策　　划　冯克力
责任编辑　赵祥斌
装帧设计　王　芳

出 版 人　张晓东
主管单位　山东出版传媒股份有限公司
出版发行　山东画报出版社
　　　　　社　　址　济南市市中区舜耕路517号　邮编 250003
　　　　　电　　话　总编室（0531）82098472
　　　　　　　　　　市场部（0531）82098479
　　　　　网　　址　http://www.hbcbs.com.cn
　　　　　电子信箱　hbcb@sdpress.com.cn
印　　刷　山东临沂新华印刷物流集团有限责任公司
规　　格　160毫米×230毫米　32开
　　　　　15印张　506幅图　300千字
版　　次　2025年3月第1版
印　　次　2025年3月第1次印刷
书　　号　ISBN 978-7-5474-4799-4
定　　价　98.00元

如有印装质量问题，请与出版社总编室联系更换。

出版说明

　　问世于 1996 年底的《老照片》，向以"定格历史，收藏记忆"为宗旨，勉力观照百多年来人类的生存与发展。经累年出版，已然成一回眸过往的窗口、民间史述的平台。

　　2017 年，值《老照片》出版二十年之际，编辑部曾编纂了一套《老照片》精选集，包括《重回现场》《风物流变》《名人身影》《民间记忆》四种，系从已出版的第 1 辑至第 110 辑《老照片》里甄选而成。

　　这次推出的四种同名精选集，乃其续编，故以"精选集·卷二"名之。所选篇目，悉出自第 111 辑至第 150 辑《老照片》。

　　今后，随着《老照片》丛书的陆续出版，未来或有"精选集"之卷三、卷四……相继推出，亦未可知。

《老照片》编辑部

2025 年 1 月

目录

晚清时期的香港风貌

文 武

　　这是一组拍摄于19世纪60年代至90年代，记录当时香港地区风貌的照片。

　　中环是香港的心脏地带，是香港岛开埠后最早开发的地区，是香港的商业中心和政治中心。如，图1摄于19世纪60年代末。海边马路在填海后定名德辅道（由于土地不敷应用，在1887年至1891年港督德辅任内，中环进行了多次填海工程）。左边第一座建筑物为获利行，1865年至1882年间为上海汇丰银行办事处。照片右侧毕打街两侧的建筑物，分别是颠地洋行（左）和渣甸洋行（右）。颠地洋行倒闭后原址先后为香港大酒店和告罗士打行所取代，即今置地广场，而渣甸洋行的原址今为德丰大厦。图2是摄于19世纪70年代末的毕打街以西的中环。图3示为19世纪70年代，从马利炮台府瞰中环。

　　皇后大道是英国统治下的香港最早建成的一条道路。开埠初期，不少华人居住于皇后大道中一带，可是英当局要将这一带发展为行政及商业中心，将华人居民强行迁走。不少著名建筑物都在这条路上，如高等法院、库务署及邮政总局、颠地洋行、汇丰银行、屈臣氏前身香港大药房等。图4，位于皇后大道中1号的香港汇丰银行，于1886年启用。此大楼建筑风格特别，面向大道中的一面以柱廊及八角形的圆拱屋顶为主，属维多利亚式设计；面向德辅道的一边则采用一系列拱形走廊为主，借以与邻近的建筑物协调。大楼前后部分设计迥然不同，俨然是由两座不同特色的建筑物所组成。图5是19世纪80年代皇后大道中的华人商住集中地。

图 1　香港中环一带。摄于 19 世纪 60 年代

图 2　毕打街以西的中环海边景色。摄于 19 世纪 70 年代。中环自开埠以后即香港的商业中心，初期绝大部分的洋行都在此区开业。左起第一间建筑物为 1832 年创立的渣甸洋行，第三间为 1850 年开业的连卡佛洋行

图3　从马利炮台俯瞰皇后大街与雪厂街交界以西的中环景观。约摄于19世纪70年代。图中挤满了西式建筑物，最左方为域多利亚监狱，监狱往右可看到威灵顿街和砵甸乍街交界处的罗马天主堂的两座钟楼。位于皇后大道与毕打街交界处的大钟楼也清晰可见，其旁边的四层楼是香港大酒店

图4　1886年启用的位于皇后大道中1号的香港汇丰银行

图 5　皇后大道中靠近威灵顿街，东向。约摄于 19 世纪 80 年代。图中这段道路是华
人商住的集中地。地铺所经营的生意种类繁多。照片左侧为"贞纶"和"福泰"布匹
绸缎庄。楼上则为当时典型的华人住宅

图 6　1864 年开放的植物公园。约摄于 19 世纪 70 年代。照片右侧有四个小尖顶的
建筑物是 1849 年建成的圣约翰教堂，左侧的建筑物是 1855 年竣工的总督府。海港
停泊了很多快速帆船，这是 19 世纪 80 年代以前主要的海上货运工具

图 7　砵甸乍街街景。约摄于 19 世纪 90 年代

图 8　九龙的麻地海边。约摄于 19 世纪 80 年代

　　这一时期，市政建设也有着中西结合的特点。比如，图 6 是 19 世纪 70 年代的植物公园。图 7 有"石板街"之称的砵甸乍街（约摄于 19 世纪 90 年代），则透露着中式建筑的影响。照片中人们的打扮也反映了当时香港中西融合的民生和市容。

　　此外，本组照片也记录了英国侵占九龙后的影像。图 8 即油麻地海边。摄于 19 世纪 80 年代前后。此时九龙尚未填海，海边几无平地。渔民除了把部分渔获出售外，也将部分腌制为咸鱼，以供自身食用或售卖。在香港开埠早期，捕鱼还是一项极为重要的经济活动。

（原载《老照片》第 129 辑，2020 年 2 月出版）

几张上海跑马厅老照片

杨 潜

　　上海跑马厅早已消失在历史的云烟里了，即使今天还能找到它的一些建筑遗存，也难以窥其全貌了，这就彰显出影像记录的弥足珍贵。国内现存的上海跑马厅老照片以民国时期为多，而清末时期的影像则比较稀见。在云志艺术馆的影藏中，清代跑马厅原版照片散见于不同的西方人影册，今从中采撷数帧，一窥它的旧时风貌。

　　跑马厅是近代上海吸纳外来文化的一个象征，也是最早来到上海的西方冒险家们攫取财富的缩影。现代赛马运动本是英国人喜欢的一项体育娱乐活动，西方各国的外交官员、商人、传教士、水手等抵达上海之初，便以圈占土地、经营租界为急务，争相建立各自的地盘。早在 1848 年，英国商人开始置地营造跑马场，在今南京东路、河南中路交界，以每亩不足十两银子的价格"永租"八十一亩。1850 年 6 月，跑马场建成后，霍格等五人组成"上海跑马厅委员会"，后来转型成为"上海跑马总会"。当年 11 月，举行了赛马活动。随着上海地价飞涨，1852 年至 1854 年间，霍格等人将跑马场地以高价分块出售，又在今浙江中路、南京路两侧圈地一百七十余亩，另辟第二个跑马场。1861年，英商如法炮制，高价卖出低价买入，在今西藏中路、南京西路、黄陂南路、武胜路强征农田四百六十六亩，于次年建成第三个跑马场，正式成立了组织架构更为完善的上海跑马总会，并从 1863 年起将赛事时间由一、二日增为三日，开始每年固定举办两次赛事，每次三天，设七场比赛。三次易址，英商通过"倒卖"跑马场土地，获取了巨大的利益。

　　上海跑马厅在百年历史中，其间的组织架构、人事更迭、赛会规则、马匹选用等演变过程极为复杂，既缘于英式赛马活动自身的发展，也有被引入异邦后需要不断自我调适的原因。上海的赛马活动开始由英国人主导，随着由最初以娱乐为主转化为以商业博彩运作，上海的各国侨民以及华人居民都竞相参与，特别是在建造了归属国人自己的江湾跑马场后，上海的赛马活动进入了它的全盛时代。

上海跑马厅在清末与民国时期有着不同的样貌，有关它的文字记录远不及老照片呈现出来的真切。从瞬间定格的旧影里探寻那些若明若暗的细节，犹如回到现场，提供了重新发现历史的可能。

图 1 是笔者所见第三个上海跑马场早期图像，虽难以确定具体拍摄时间，但从看台建筑及简陋的场地等信息，大致可推测拍摄于 1880 年前后，或许更早一些。这座石砌看台始建于 1861 年，是第三个跑马场最早的一座。美国传教士朗格在《上海社会概况》（1875 年出版）中说，建造兼具俱乐部、戏院、礼堂、图书馆、交易所、拍卖公司、台球室、保龄球馆等多种功能的

图 1　跑马厅早期看台

楼群建筑，是上海侨民社群组织早已有之的计划，但在前两处跑马场时期，受困于资金欠缺以及空间限制被搁置下来，直到第三个跑马场建造时方才实施。朗格记述："直到1862年，此项计划简化为一个只带有阅报处、台球间、餐饮间等设施的俱乐部，随后开始了建造计划，这就是现在我们眼前漂亮的上海总会，在经历了三次合同变更后，最终在万国体育会的大力资助下于1864年建成。"图1中的大看台只是俱乐部建筑设施的一部分，以今天的眼光，画面显得呆滞乏味，缺少了最大的看点：骑师与赛马。图片更像是观看者的合影，却留下了石砌看台最初的影像，跑马场建筑设施日后进行了多次扩建改建，这座看台也就改头换面了。

　　图1与其后拍摄的此处场景比对，可发现饶有趣味的差别：赛道栅栏处人群中仅有寥寥可数的西洋女性，与19世纪末的十几年间，来此观看赛马的佳丽如云大相径庭。说明随着跑马厅设施的不断完善，板球、游泳等各种体育项目和组织的汇入，其娱乐、社交功能更为凸显。最主要原因是，19世纪80年代前，上海侨民的男女比例严重失调，为6∶1，常住女性只有218名；80年代后男女比例才逐渐达到2.2∶1，据1900年官方统计数字可知，常住上海的西方女性为1776名。老照片与上海社会史资料"暗合"，表明历史图像与文字史料的互证功用不可小觑。

　　图2、图3来自庆祝英国女王登基五十周年纪念影册，上海公泰照相馆1887年拍摄。图2为跑马场西隅，因拍摄角度、远近差异，呈现出与图1不一样的场景。英式赛马有完备的比赛规则，赛前准备也比较繁琐。裁判人员先对参赛的马匹和鞍具细心查验，骑师需要称量体重，通常赛前要听取马夫（练马师）的提示，进入赛道还要再次核验马匹。图2中骑师跨上马背揽辔待发，裁判已经站立于栅栏内侧，观众引颈张望等待一场精彩赛事的到来。这帧照片还留下了跑马场地的景况，简陋的木栏、敞口的排水沟反映出当年跑马总会困窘的财务状况。直到1888年，麦克列昂第三次出任跑马总会主席，该年率先引入新的下注方式"赢家分成法"，实现了扭亏为盈，并购入地产，修改入会规章。图2中跑马场当时还是两圈跑道，外圈跑道植有绿草，供跑马比赛之用，属于上海跑马总会所有；内圈为硬土跑道，铺有细碎煤渣，内圈跑道连同内里的公共运动场，归属于1860年发起成立的上海万国体育会，

图2 跑马场西隅

图3 近景是跑马厅的入口

也称之上海运动事业基金董事会。公共运动场内陆续建起了诸如板球场、高尔夫球场、游泳场等现代运动设施。

图3近景是跑马厅的入口，图片由高处俯拍，既能近观大门内外聚集的人群，也能远眺跑马场内及周边的景致。天地相连的远方，茂盛的树木与中式房舍隐约能见，那时上海的高楼广厦主要集中于外滩一带。细看大门与栅栏内外的人物，从服饰着装便能分辨华人与外侨之别。在很长的时期里，跑马厅只允许跑马总会的会员进入场内，华人中仅有洋人的仆役、驯马的马夫可以入场，当然在赛马会期，当地的中国官员也会受邀前来观看比赛。大门处有上海工部局的巡捕，从制式"官服官帽"标示上，能分辨出一人是外籍，另一个是华人。巡捕房成立于1854年，起初只招募西方人。随着租界的不断扩张，自1863年起，开始大量招募华人巡捕，逐渐取代了西捕。至于老上海市民眼中的"红头阿三"，也就是雇募的印度锡克族巡捕来到上海，则始于1884年，后来他们人员迅速增多，这是工部局为防止华人巡捕一家独大，不利于控制而采取的举措。这些面目黢黑、冠带怪异、行事凶狠的锡克巡捕到处"审街"，无疑增添了上海滩的殖民色彩。

图片右下方有黄包车和欧式马车。黄包车是一种人力车，因从日本传入，亦称为"东洋车"，系1874年由法国人米拉率先从日本购入三百辆，在法租界组建了上海的第一家人力车公司，加入了城市客运系统。欧式马车是19世纪50年代引入上海的，因造价及成本昂贵，它的拥有者多是洋商巨贾。马车不断从欧洲输入的同时，也进行了大量仿制，在咸同年间，上海开始出现出租马车，最早经营马车出租业务的英商萨门瑞记公司，除了开设龙飞车行，还建立了马车制造厂。早期的出租马车的价格不菲，一日三元，夜间加倍，遇节庆和赛马等日要比平时加价。但乘坐马车者并非外侨的专利，沪上富豪乃至头牌妓女也乐意雇用，尤其到了赛马时节，香车宝马驰骋过市，引人注目。

图4、图5、图6均拍摄于1900年前后。图4聚齐了直接参与比赛的马主、骑师及马夫，牵马的外国人是比赛用马的拥有者，身材矮小的马主口衔纸烟，迈开的步伐显得有些夸张。他头上戴的圆顶礼帽，也称德比帽子，是居于中上层社会的英国男子在非正式场合的服饰搭配。入场观赛，外侨的穿戴有约定俗成的规矩，无论男女均盛装出席并戴各式帽子，据说此俗源自亨

图4　参与比赛的马主、骑师及马夫。约摄于 1900 年

利皇家赛艇会，以彰显赛马活动具有贵族气息。马背上的骑师一身比赛标准
装束，洋人骑师以年轻人居多，一般都有固定职业，除了具有熟练的骑术，
还要取得跑马总会的许可证，同时成为会员方可参加正式比赛。骑师与赛驹
永远是赛场上的明星，两者的默契程度关乎比赛胜负。一匹优良赛驹有了优
秀骑师的鞭策驱驰，合理走位，是拔得头筹的关键。随行在后的华人马夫也
是不可或缺的角色，他们多数来自上海本地，文化水平不高，但不缺智商与
情商，否则难以承担严苛的饲马驯马工作。练马时间会随春夏秋冬季节不同
有所调整，但凌晨起床即开始遛马、驯马是其常课，故资格的取得须经跑马
总会核准通过。图片中马夫的扮相，不中不西，与更早期的马夫穿戴相比，
他俩已经相当"西化"，头戴便帽长辫垂后让人发噱。从社会史的角度考察，
晚清时期华人的服饰变迁，通商口岸的各阶层人等均受西风熏染，那些直接
为洋人做事的群体更是争相仿效，引领了风气之先。

　　图5记录了赛马过程。骑师策马飞奔的画面，与当今赛马风驰电掣的精
彩瞬间比较还是相形见绌，须知以当时的摄影术与材料水准，拍摄高速动体
的清晰影像也实属不易。图6是跑马厅的马厩和其他附属建筑外景，它位于

图 5　赛马过程

图 6　跑马厅的马厩和其他附属建筑外景

跑马场外，与跑马场相隔一条马路，马厩建筑现已不存。

图 7 是 1890 年之后的石砌看台及周边场景，具体时间不详，根据同一批老照片的拍摄年代，大致可以划定在 1900 年至清朝终结之前。此时的跑马厅建筑以及跑道均得到完善和提升，与同一地点的初期景观有很大差别。1890 年，跑马总会在看台与会所两座楼间续建了一座更高的钟楼，初步形成了一组外观完美、功能齐备的建筑群。建筑前的草坪也变得整齐平坦，设置了露天座椅，跑道栅栏也进行了更换。画面中裙裾飘飘的西洋女士俨然成为这里的主角，其实跑马总会依然由西方男性主导，只是此时上海侨民社会性别结构发生了显著变化，越来越多的西方女性来到上海，这也是西方侨民经过很长的"创业"期自然发生的现象。根据文献记录，侨民成为跑马总会会员也要具备一定条件，每年交纳会费，不少西方人时来时去，故新加入者与退会者变动频繁。1870 年至 1880 年间，会员人数只有一二百人，在此后的十年间也未超过三百人。1890 年后会员人数连年攀升：1894 年会员三百三十人，

图 7　1890 年之后的石砌看台及周边场景

1896年超过四百人，1900年超过六百人，1917年达到了九百九十多人。上述数字表明，1890年以后，跑马厅步入快速发展期，及至民国以后进入它的全盛时期，加上中国政治秩序的改变以及博彩业的普及，赛马也成为上海民众参与最广的活动之一。

图8是新建跑马总会大楼的正面全景。这座留存下来的大楼建成于1934年，系在拆除的原有建筑旧址上重建，由英商马海洋行设计，采用钢筋混凝土结构，整体建筑为古典主义造型，红褐色面砖与石块交砌的外墙典雅庄重。朝向跑马场一面设会员看台、普通看台，内设餐厅酒吧、咖啡室、弹子房、保龄球道等设施，会员专属包厢也极尽奢华。据说修建费用支出了两百万两白银，可以想见跑马厅通过出售门票、发行彩票等多项收入，赚取到了让人瞠目的暴利。

图9是由美军航拍的跑马厅全景，拍摄时间在世界反法西斯战争胜利之后。1941年底太平洋战争爆发，跑马厅被日军占领，上海日伪当局成立体育会接管了跑马厅和公共体育场，赛马活动虽未中断，但战争的阴影下跑马厅盛景不再。1945年10月，跑马总会收回后并未恢复赛马，将场地租与美国海军陆战队作为营地。美国援华空军和隶属太平洋舰队的航空联队，曾对

图8　新建跑马总会大楼的正面全景

图 9　由美军航拍的跑马厅全景。拍摄时间在世界反法西斯战争胜利之后

中国内陆进行过大规模的航拍，这帧图片留住了上海跑马厅即将落幕前的身影。新中国成立后的1951年，上海市政府成立专门委员会将跑马厅收归国家，随后场地南部辟为人民广场，北部建造了人民公园，而那座蕴藏着西方人财富、地位、投机的跑马总会大楼，经过局部拆建改造，作为上海文博方面的公共场所使用至今。

（图片由云志艺术馆提供，原载《老照片》第 147 辑，2023 年 2 月出版）

沧桑正阳门

刘　鹏

明成祖朱棣在南京即位后，决议迁都北京。

明永乐四年至十八年（1406—1420）修建了北京的宫殿和城垣，将元大都的南城垣南移约二里，元大都南城墙的中门丽正门平移修建到今天正阳门的位置，称为丽正门。明正统元年（1436）修建九门城楼，在丽正门外增筑瓮城、城楼、箭楼、闸楼，疏浚城壕等，瓮城墙将城楼、箭楼连接起来，正统四年（1439）完工后丽正门改称正阳门。

正阳门的布局和形制

京城九门之首的正阳门是古代城市军事防御建筑，历经六百年的发展，形制日趋完备。

瓮城——城楼与箭楼之间为瓮城，南北长 108 米，东西宽 85 米，南端两侧为圆角。是在城门外侧筑的长方形小城，将城垣与城楼和箭楼连为一体，是城门的保护屏障。守城将士在城上居高临下，对攻城的敌人形成"瓮中捉鳖"之势。

闸楼——闸楼是瓮城的防御设施，下设券门，供行人和车马进出城池，门洞上方设千斤闸，瓮城东、西两侧分别修筑闸楼各一座，闸楼面阔三间，单檐灰筒瓦歇山顶，绿琉璃瓦剪边，闸楼外侧正面设箭窗两排 12 孔木方窗，闸楼面为门两内侧各开一方窗。

正阳门城楼——城楼供守城将领登高瞭望，指挥作战。整体建筑为楼阁式三重檐，屋顶为灰筒瓦，绿琉璃瓦剪边，面阔七间，进深三间，上下设回廊。城楼连城台通高 43.65 米，宽 41 米，进深 21 米。城楼坐落在砖砌城台上，下有拱券式门洞，城楼的正南方是箭楼。

箭楼——箭楼在城楼的正前方，面向城外的东、西、南三面墙体辟有对外射击的箭窗共 94 个，便于防御对外放箭之用。箭楼为重檐歇山顶堡垒式建筑，屋顶为灰筒瓦，绿琉璃瓦剪边；门阔七间，北出抱厦五间，上、下四层，通高 35.37 米，设有双重大门，内侧为对开大门，外侧是可以升降的闸门。是内城九门中唯一箭楼开门洞的城门，在京师各门的箭楼中也最为高大。

正阳门城楼、箭楼遭损毁

明清时箭楼多次遭火灾，多次修建。1900 年 6 月 16 日，义和团为"扶清灭洋"，抵制洋货，火烧正阳门外大栅栏老德记洋药房等商铺，大火波及东西荷包巷和周边大片商铺，一直烧到正阳门箭楼。

1900 年 8 月 14 日凌晨，俄军射出了轰击北京城的第一发炮弹。之后，日军和俄军计划用烈性炸药轰开城门，派去点燃引信的士兵先后有一百多人被据守城楼的清军打死。后来，进攻正阳门箭楼的日军针对清军多使用抬枪致火药散落的情况，发射了燃烧弹，引爆了守军散落的火药，城墙和城楼遂

图 1　1907 年，重建后的正阳门全景

图2　1900年，未毁前的正阳门瓮城内景，前方是正阳门城楼

图3　清末民初的正阳门瓮城东闸楼

陷于火海之中，最终，日军用炸弹把正阳门箭楼炸掉了一半。至当晚9点，联军相继攻入北京的外围城墙。9月27日，驻扎瓮城的印度兵（英国雇佣军）在正阳门城楼燃火，不慎发生火灾，将城楼全部焚毁。

正阳门的重建和改建

庚子事变后，被毁的正阳门一片狼藉。清廷被迫与俄、日、英、美、德、法等十一国签订《辛丑条约》后，1901年10月6日，慈禧太后和光绪皇帝自西安返京。为迎接两宫回銮，直隶总督府用银万两，请工匠用杉篙、苇席，再绕以彩绸，在残破的正阳门城楼和箭楼上搭起彩牌楼，以充门面、壮观瞻。从现存照片（图7）中可以看到正阳门箭楼上半部分已不存在，暂时搭起彩

图4　正阳门箭楼。西德尼·D. 甘博约摄于1918年

图 5　1900 年，被义和团火烧的正阳门

图6 1900年，被八国联军炮火毁坏的正阳门箭楼

图7 1901年，两宫回銮前正阳门箭楼上正在搭建的彩牌楼

图8　1902年1月7日，澳大利亚摄影师莫理循在正阳门瓮城内所拍摄。这一天，两宫回銮，光绪皇帝和慈禧的轿子经过正阳门瓮城，在瓮城内西北角的关帝庙拜佛上香

图9　1915年，拆卸东瓮城京奉土车起运砖土情形

23

牌楼的情景。鉴于正阳门破损严重，袁世凯、陈璧派人对正阳门进行勘察，光绪二十八年（1902）十一月二十六日，对正阳门及城垣的破损情况进行评估并上奏朝廷。

　　光绪二十九年（1903），袁世凯、陈璧奉旨重新修建正阳门城楼和箭楼，由于多年战乱，工部留存京城各城门的工程档案均被毁，复建正阳门城楼只得按照崇文门城楼和宣武门城楼的规制放大修建，复建正阳门箭楼则按照宣武门箭楼的规制放大复建。重建工程于光绪二十九年五月开工，原计划三年完工，由于建筑材料采购困难等，直到光绪三十三年（1907）九月才竣工。工程原计划用银 443000 两，实际耗资共计 498922 两。

图 10　1915 年，箭楼南面修建洋灰骑楼工程情形

图 11 1915 年，京奉土车入城起运西棋盘街砖土情形

清末，京奉、京汉两铁路正阳门站建成后，正阳门周边人流、车流非常密集。1914 年，为缓解交通拥堵，内务总长兼北京市政督办朱启钤向大总统袁世凯提交《修改京师前三门城垣工程呈》方案，1915 年 6 月 16 日开工，朱启钤主持了这次改建。北洋政府聘请德国建筑师罗思·凯格尔对正阳门箭楼进行设计、改建，在箭楼上利用欧式风格装饰月墙断面增添西洋图案花饰，添建水泥平座护栏和箭窗的弧形遮檐，形成现在的外观，增加了"之"字形登城马道，正阳门瓮城月墙及东西闸楼被拆除。在城楼的左右两侧城垣上各辟两座券门，修建了马路，对正阳门前广场进行了修整。于同年 12 月 29 日竣工。

正阳门内的关帝庙和观音庙

正阳门瓮城内有两座庙，西侧为道教寺庙关帝庙，东侧为佛教寺庙观音庙。1914 年，原先封闭的瓮城被拆除后，那里变成了开阔地，关帝庙和观音庙随即露出。这两座庙曾经香火不断，每日前往求签者络绎不绝。特别是关

形情成落程工台月空懸及樓箭

图 12　1915 年，箭楼及悬空月台工程落成情形

帝庙，其余几座均供奉着关公，其中规模最大、香火最旺的当属正阳门瓮城
内的关帝庙，它的影响力超过旁边的观音庙。遗憾的是，这两座庙已在 1967
年被拆除了。现在和大家说说这两座曾经香火很旺的庙宇。

　　正阳门关帝庙也称前门关帝庙，此庙建于明朝万历年间，由山门、石座、
供桌、观圣帝君殿组成。据史料记载：庙内有义、圣、忠、王大字碑和明万
历年撰记碑文拓片，其中部分碑文为董其昌所书。2008 年 6 月，丰台区南苑
乡槐房村村民在拆建小房地基时，发现了正阳门瓮城关帝庙的两座著名石碑。
其中一座碑是董其昌所书的《汉前将军关侯正阳门庙碑》，另一座碑的碑文
为康熙皇帝书法老师沈荃撰并书的《正阳门关帝庙碑》。据了解，这两座石
碑是 1968 年从正阳门运到槐房的，目前两座石碑得到妥善保管。

图 13　1915 年 12 月，正阳门改造工程竣工后，朱启钤等人在正阳门箭楼上合影

图 14　1915 年，正阳门城楼两侧的关帝庙和观音庙

图 15　民国时期关帝庙正门

关帝庙内还有一尊明世宗嘉靖皇帝供奉的关帝像，传说最早的关帝像尺寸较小，嘉靖皇帝又命人请木工制作了一尊大像，旧像已经过数百年的香火，曾来占卜的人太多，弃之恐不吉利，嘉靖皇帝遂命两像同时摆放。庙中有山西工匠张一忠制作的铁磬，重百余斤，磬虽然为铁质，却发出铜音。庙内还有"三宝"尤为珍贵：第一件为三柄大刀，最大的长两丈、重两百千克，其余两柄分别为六十千克和九十千克，均为清嘉庆十五年（1810）陕西绥德城守营都司马国镒在前门外打磨厂三元刀铺定铸。每年农历五月初九，关帝庙都要举行磨刀典礼，届时将刀抬出，请三元刀铺的工匠按照普通磨刀法举行仪式将刀磨光，再放回原处，与白云观洗骨典礼相同。第二件宝物为关帝画像一轴。据说是唐代画圣吴道子的手笔，1900年的庚子事变中被德兵掠取。第三件为关帝庙前的明代汉白玉石马，雕刻精细，是明代遗物，清末到民国初年，屡次拆改正阳门一带，石马不知何时丢失。

图 16　民国时期在关帝庙进香的人

图 17　己卯年（1939）除夕，香客在关帝庙进香

正阳门关帝庙香火一直很旺盛，都说"关帝签"非常灵验。清代著名诗人王世祯当年参加科考前曾到正阳门关帝庙求签，他求得的签语是："今君庚申未亨通，且向江头做钓翁。玉兔重生应发迹，万人头上逞英雄。"后来王世祯进士中选，本应留在京师，最终却赴扬州就任。后来他被提拔为国子监祭酒时，才发现自己一生的沉浮，竟然应验在关帝庙抽取的签语中。在《道咸以来朝野杂记》中有这样的记载：李若农当年参加咸丰己未科会试时，曾经在考前来正阳门关帝庙求签。他求得的签语是"名在孙山外"。他看后很是失望，以为会名落孙山。没想到发榜时竟考取了进士。他逢人便说，此签实在不灵验。等到殿试发榜，状元为孙家鼐，榜眼名孙念祖，李若农得了个探花，位列"二孙"之后，与签语正契合。李若农叹服不已。诸如此类的传

闻一传十、十传百，越传越奇。

农历每月十五，关帝庙开放庙门接受香火，每年农历除夕到初二开庙三天，游人最多，每当开庙时，庙里庙外坐满道士手抱签筒接待求签香客，百余摊儿仍应接不暇，同时庙里还施舍道教善书，如《关圣帝君六十四爻》《关圣帝君桃园明圣经》等。清杨米人《都门竹枝词》说道："吕祖祠中好梦留，白云观里访仙游。灵签第一推关庙，更去前门洞里求。"形容了关帝庙面积虽然不算大，但香火的旺盛比白云观、东岳庙这样的大庙一点不差。

观音庙为祠堂所改，原为祭祀洪承畴。坐落在正阳门东侧的观音庙建于

图 18　庚辰年（1940）春节，观音庙门外卖香的老太太

图19　庚辰年（1940）春节，上香的人走出观音庙大门

明代崇祯年间，布局和关帝庙基本相同，由山门、石座、供桌、观音殿组成。观音庙的建成还有一段传说：明崇祯末年，崇祯皇帝诏爱将洪承畴御敌，授予尚方宝剑，朝中文武对他寄予很大希望。松山城破之后，洪承畴投降清军，朝臣怕皇帝伤心，便上奏洪承畴已死，崇祯皇帝以为洪承畴殉难，痛哭失声，下令在正阳门东侧建祠堂祭祀，亲笔写下祭文设立于庙中。后来，得知洪承畴非但未死，而且已经投降清军，崇祯皇帝听后肺都气炸了，立即下令停止祭祀仪式，并捣毁庙中供奉的洪承畴塑像和牌位，将祠堂改为观音庙。此时，洪承畴投降的消息传遍了京城，老百姓纷纷赶到正阳门祠堂，打碎他的塑像丢进茅厕。洪承畴降清加速了明朝的灭亡。清顺治帝在紫禁城金銮宝殿加封

文武百官，其中洪承畴功劳最大，被顺治帝封为一品。

顺治初年春节，京城百姓燃放鞭炮庆祝，大年初一早晨，洪承畴睡得正香，忽然闻听护卫报告，有人赠送对联一副，洪承畴接过对联一看，气得七窍生烟，问道："这对联是谁送的？"护卫说："是护城军早晨巡逻时，从正阳门祠堂前揭下来的。"只见那副对联上写着："忠义孝悌礼仪廉；一二三四五六七。"上联缺"耻"，下联无"八"。这分明是在影射洪承畴是无耻的王八，他能不生气吗？祠堂改为观音庙见证了一段历史。

后记：我有幸参与了"巍巍正阳——北京正阳门历史文化展"的筹备工作。2010 年，北京市正阳门管理处主任郭豹联系我，告诉我他们正在筹办"巍巍正阳——北京正阳门历史文化展"，这个展览将作为固定展览，长期在正阳门城楼展出，他问我是否收藏有正阳门的老照片。我欣然同意，拿出一批正阳门老照片提供给他。2013 年，经过近三年精心筹备的"巍巍正阳——北京正阳门历史文化展"在正阳门城楼正式对社会公众开放。郭主任为了感谢我对展览的支持，将一套《巍巍正阳》图册和 1915 年正阳门改建照片（清华大学建筑学院藏）电子版文件赠送给我。今天展现的 1915 年正阳门改建就是这组照片。

（原载《老照片》第 143 辑，2022 年 6 月出版，稍有修订）

流光旧影里的广州

许大昕

广州，一定是属于清晨的。无论历史如何沉重，无论现实如何腾挪，广州，始终如清晨，在清晨莫测着、活跃着、创造着，引领一波又一波潮头……似乎没有一个城市能像广州这么古老又这么年轻，这么威严又这么安闲。广州的故事、广州的味道、广州的时光，应该是质感的、沉静的，弥漫的、冷冽的，像每一座攀上历史脊背俯瞰群生的老城。但同时，它又是敏感的、跳跃的、易激惹的，将怀抱里的每一个人都跌宕进它的节奏与生命中，跟每一轮朝阳一同升起。这清晨的广州啊……

据史载，广州建城于公元前 214 年，已有两千多年的历史。广州在古时一直被称为番禺。话说秦始皇统一岭南后，设立三郡，番禺为南海郡治，任嚣被任命为郡尉，他励精图治，修整城池，后人便称新城为"任嚣城"，也即广州城的雏形。历史上曾经有三个政权（南越国、南汉、南明）十个帝王在广州建都，所以有"三朝之都"的说法。

两千多年的风云沧桑，人事兴衰，一一叠印在广州城的大街小巷、名胜古迹、花木山影、人来人往之中。这座城，是何等内涵丰富，地位显贵：中国古代"海上丝绸之路的起点""近代民主革命的策源地""羊城百年英雄地"，等等，尤其它是清代闭关锁国政策中，18 世纪中期以后唯一的开放口岸，也就是说，广州一度是中国面对世界的一个"窗口"。

一

　　百多年前的广州经由这十几张照片"荡漾"于眼前，散发着永久的关乎城市与生命的沧桑……"查广州市清代称为广州城，以广州府治所在地故名之。旧广州城清代城内划分为东西两个地区，其划分界限之起点，由大北门城门口起（即现时解放北路口越秀山麓）沿大北直街到惠爱四约四牌楼口（即现时中山五路），转东至藩司前之照壁（现在财政厅前），双门底上街北口（今北京路）向南直至天字码头。"（见《老广州》，中国文史出版社2018年版）从宋代开始，每个朝代必做的一件事是选出"羊城八景"。"我记得旧时'羊城八景'是这样的：一、珠江夜月；二、石门返照；三、大通烟雨；四、金

图 1　镇海楼远景

山古寺；五、波罗浴日；六、蒲涧廉泉；七、景泰僧归；八、白云晚望。"
（见韩锋著《羊城八景叙谈》），又有说，清代选出的羊城八景是：越秀连峰、
琶洲砥柱、五仙霞洞、孤兀禺山、镇海层楼、浮丘丹井、两樵云瀑、东海渔珠。
顾名思景，可以想见这曾是多么秩序井然、美不胜收、富庶深厚的一座城……

晚清的"末世"气息笼罩于城内城外，山河依旧，楼塔依然，只是越
发地灰暗破败，却依稀可见过往的煊赫，寂静下来，挑动人的万千怀古之幽
思……那落于镜头中的人一如既往地精干、坚定、淡泊……鲜明的对比似乎
昭示着广州又将掀起新的"跌宕"与波澜——近代以来的革命历史也证实了
这一点。

这座遗世独立的高楼（图1、图2）名为"镇海楼"，又名望海楼，俗称
五层楼，位于越秀山小蟠龙岗上。照片中的望海楼与古城墙一起围起肃穆的、
超拔的，虽然巍峨却有几分落寞的气质，尤其是第二幅图片，走近了看，荒

图2　镇海楼近景

草丛生、枝桠寥落……冬日，更添了几分破败，只有飞挺的檐角和敦实的身躯，还向来人诉说着它不凡的来历。确实的，这座楼至此时已经屹立了好几百年："哪一座城市，把自己几千年的印记浓缩在现存古代建筑里？哪一座建筑，最能唤起本地民众关于广州历史的记忆？"望海楼，就是这种建筑。

据史载，它始建于明洪武十三年（1380），永嘉侯朱亮祖扩建广州城时，将北城墙扩至越秀山上，五层楼就建于城墙北部的制高点上，其后多次重修，楼高二十八米，复檐五层，绿琉璃瓦覆盖，朱墙绿瓦，飞檐重叠，登临城楼可以饱览羊城美景。"镇海层楼"是清代羊城八景之一，镇海楼被誉为"五岭以南第一楼""岭南第一胜览"。

比之它的悠久历史和城市地位，它五毁五建的经历更令人沉思。明成化年间，两广军务提督韩雍修治之后，全楼被火焚毁；后明嘉靖提督蔡京（一名张经）与侍郎张岳重建，并题名"镇海楼"，取"雄镇海疆"之意。清军破城时，望海楼又遭到战火损坏。清顺治八年（1651），平南王尚可喜在原楼基础上对镇海楼做了第三次大规模修葺。清顺治十八年（1661），李栖凤任两广总督时，镇海楼"任人登眺"，是入清后的第二次修治。清康熙十二年（1673），由于"三藩之乱"，镇海楼再次遭到破坏。清康熙二十四年（1685），两广总督吴兴祚及广东巡抚李士祯"计费巨万，壮丽坚致"，第四次大修了镇海楼。及至民国十七年（1928），广州市长林云陔在明代旧基上，将原来木建筑楼层改为钢筋水泥结构，再度重修了镇海楼。诚如彭玉麟联："万千劫，危楼尚存，问谁摘斗摩霄目空今古；五百年，故侯安在，使我倚栏看剑泪洒英雄！"

可以说，一座建筑承受了一个城市城破的硝烟、易主的沧桑，无数的悲欢离合……多少人登临楼阁，换一副心境与眼界；多少人在楼上觥筹交错，淡化了人世的苍凉，在温酒论道中偷取人生刹那的温暖；又有多少广州城内的百姓，遥望耸立的镇海楼，升起生命源头来的力量。几百年光阴刹那，这座楼依然挺立，必须挺立——无论谁主政广州，它，镇海楼，仿佛都是广州的灵魂所在。

镇海楼下的那段古城墙，据载，它建于明洪武十三年。据明黄佐《广东通志》载，当时广州城"周长三千七百九十六丈、高二丈"，有城门、城楼、敌楼等。明崇祯十三年（1640）"增筑北城，将城墙培高七尺，增厚墙基"。

清顺治四年（1647）亦有修建。照片中这段古城墙依山势而建，墙体斑驳，墙内几棵刚长起来的小树兀自怡然翘盼着——假如树还在，今必已参天。院内的这段城墙，又在荒芜中平添了历史驻足过的威严。

二

广州城历来五方杂处，风俗各异，宗教上也是多元并存，兼容并包，广州的宗教遗存诉说着这座古城深厚的文化底蕴。广州的四大古刹，又称"四大丛林"：光孝寺、华林寺、六榕寺、海幢寺。它们均有千年历史。道教的三元宫、五仙观、纯阳观、白云仙馆等，著名的天主教堂圣心大教堂、基督教堂东山堂；中国最早兴建的清真寺怀圣寺，以及"清光绪三十年重修后成为一座蔚为壮观的儒、释、道三教合一的庙宇"黄大仙祠等，至今还都屹立在广州城。"多少楼台烟雨中"，千百年来，它们，这些寺庙、道观、教堂给各自的信徒以多少生命深处的明慧、安妥、喜乐……

六榕寺花塔，建于梁大同三年（537），照片呈现的是它建成一千三百年后的情景。"它本是为迎'舍利'而建的'宝庄严寺舍利塔'，俗称花塔。塔刹筑工精巧，上密布一千零二十三尊小佛像，连同构件重逾五吨。庄严瑰丽，直指苍穹。"（见《广州历史文化名城荟萃》，广东旅游出版社2004年版）唐时，王子安曾撰有《千佛塔碑》。宋时，苏东坡南来，就住在寺中，他最喜欢花塔，六榕两字也是出自他的手笔。照片中，眼前的青石板路，穿过一排排平房，墙皮有些潮暗了，一步步走向"宝相庄严"的古塔，恰如一步步从琐碎怅惘的现实走向佛光普照的殊胜之地。（图3）

远眺花塔（图4），屋舍俨然，池塘宁静，绿树挺秀，那一定是个无风的时刻。古城墙护卫着的，飞檐楼阁，树木掩映中，远远地，一座古塔俏丽又庄严——这幅清明也留在了那个时刻。

珠江岸边的圣心大教堂（图5）是广州重要的地标性建筑，主要由花岗岩砌筑而成，俗称"石室"，是我国最大的双尖塔哥特式石结构建筑物。假如从白云山俯瞰下去，圣心的尖顶恰如两支"石笔"一样插入云霄；假如漫步于一德路，它赫然出现，负荷着异域的精神与形体，眺望着珠江，见惯了

图3 六榕寺花塔近景

百年来的世事磨折。

　　据载，石室建于清同治二年（1863），经选拔由揭西建筑工匠蔡孝担任工程总管。在建造过程中，工匠们克服了采石、建筑工艺等难以想象的困难，又经中西建筑元素高度磨合融汇，历时二十五载，至光绪十四年（1888）才得竣工。由于石室仿法国巴黎圣母院建造，故有"广州圣母院"之誉。

　　1912年5月11日，孙中山曾来石室，出席天主教欢迎会，还应邀作了演讲。"教堂前半部是两座巍峨高耸的尖顶石塔，寓意是向天升华，皈依上帝，后半部是大礼堂，门窗镶嵌有红黄蓝绿等各种图案的套色玻璃，光线柔和，气

图 4　远眺花塔

图 5　远眺圣心大教堂

氛肃穆。"（见《广州历史文化名城荟萃》）在大礼堂的演讲中，孙中山认为"国政要改良，宗教也要改良，希望以宗教补政治之不足，并号召教徒同发爱国心，对于民国各负其应尽之责"（见陈华新：《石室谈宗教》，《老广州》，中国文史出版社 2018 年版）。

三

第二次鸦片战争中，英法两国强租广州沙面为租界，"沙面是广州唯一的外人租借地，这是一个很幽静的地方。位于广州市的西南，南临着珠江，东面便是西堤的末端，西面就是黄沙。周围绕着一道河水，独立地成为一个小小的岛屿。从西面来的轮船进口的时候，是必定要经过这个小屿的。"（见倪锡英：《都市地理小丛书：广州》，南京出版社 2011 年 2 月版）沙面集中了列强所建的领事馆、银行、教堂、俱乐部等建筑，汇聚了巴洛克风格、哥特风格、新古典主义及中西合璧等各种建筑风格。传统建筑林立的广州城在 19 世纪多了这么多异质的建筑，不知"情何以堪"？

照片中的街景（图 6）摄于 19 世纪末，应该是沙面这个"国中之国"建成几十年后的光景。一说，这是香港街景。像每一条入侵者建造出的街道，它看起来繁华、风情，时空颠倒，但是穿行其间的人兀自忙碌——将一切屈辱与不甘，化作隐忍的勤劳与奋争。

远看沙面（图 7），"沙面静谧得像世外桃源……高崇的洋房顶上飘着各色旗帜……每杆旗帜都像显着胜利者的微笑，这微笑，刻印在半殖民地大众的心里是一种可怕的侮辱，也是一个沉痛的创伤。"（见倪锡英：《都市地理小丛书：广州》）1945 年 11 月 24 日，国民政府批准了外交部所拟的《接收租界及北平使馆界办法》，提到本办法适用于广州沙面英法租界。广州英租界依 1943 年 1 月 11 日中英新约第四条（三）项办理，由中国收回。广州法租界之收回，据法国维希政府于 1943 年 2 月 23 日放弃其在中国之不平等特权之声明，及我国 1943 年 5 月 19 日取消所有法国不平等条约所取得的一切特权之声明办理。抗战胜利后，沙面租界开始清理工作，一直到 1946 年才完成，沙面终于回到了中国政府手中。（见《沙面租界概述》，《老广州》，

图 6　一条繁华的街道

图 7　沙面上空飘扬着异国国旗

中国文史出版社 2018 年版）如今再看沙面，已然一方世外桃源般，只愿山河无怨，山河无恙。

第二次鸦片战争后，帝国主义国家对中国的资本输出，进一步冲击了中国自给自足的自然经济。清朝统治阶级发生分歧，产生了顽固派和洋务派的对立。洋务派推行了轰轰烈烈的"洋务运动"，主张"师夷长技以制夷"，"中体西用"，以"自强""求富"为旗号，引进西方科学技术，创办了一系列军事工业和民用工业，并在上海、广州、天津、武汉等地产生了中国近代第一批资本主义企业。此外，清政府为解决财政危机，实施了一系列"新政"，如奖励实业、放宽民间办厂限制等，进一步刺激民族资本主义发展。广州得风气之先，先后出现了水泥厂、针织厂、火柴厂、造纸厂、自来水厂、电力公司、机器厂等。广州长洲镇柯拜船坞还是中国第一代产业工人的诞生地。

机械厂的轰鸣似乎已经透过照片越过岁月而来（图 8），在上午的逆光中，机器的转轮和井然工作的工人格外富有一种诗意。它们背对着镜头，动作熟练，专注投入。有些工人正对着镜头（图 9），这些童工也不过十多岁，离我们最近的这个孩子眼神中没有丝毫怯懦，充满希望和坚定，尤其是他紧抿的嘴角，似乎可见他奋斗不息、技能非凡的未来。右边站着的人，似乎有点不耐烦地看着我们，仿佛在说，都干着活呢，有啥好照的？

19 世纪末广州一家普通的陶瓷厂。他们将盆盆罐罐倚在山墙，看起来拥挤杂乱，工人井然有序地搬运着（图 10）。这些盆盆罐罐码在河岸上（图 11），应该由来往的小船运往需要它们的地方去——在小桥流水的诗情画面下，是生计的艰辛。

再看看这张照片（图 12）。两个人担着扁担卖小吃，一派怡然自得，男人抿嘴笑着，女人安静而又略带笑意，似乎在听男人说着什么。他们打着赤脚，着对襟短裈，可以想象，这副扁担一定是他从低矮的民房里一清早就挑出，肯定也会沿街叫卖，不知扁担颤悠悠地走了多少街串了多少巷，才来到这富人的宅户门前，但他们没有一丝清苦贫困的委顿，他们像机械厂、陶瓷厂的工人们一样，安分知足地投入自己的生计。太阳火辣辣的，无言的照片似乎诉说着老百姓无尽的希望与盼望……

有人说，"广州文化是岭南文化的重要组成部分……岭南文化既有雅文化，

图 8　晚清广州的机械厂

图 9　工厂里的童工

图 10 陶瓷厂内景

图 11 等待运输的产品

图 12 卖小吃的人

也有俗文化；既有抽象的观念，也有民俗的表现。重商性、开放性、兼容性、多元性、直观性、平民性……可视作它的特征"（见张萍、张磊：《广州史话》，社会科学文献出版社 2011 年版）。一座城，能盛得下巍巍高楼，百年不倒，英雄豪杰轮番登场；也能容得下普通人知足常乐的平凡生活……广州城，一定是属于清晨的。每一个人，在广州城都可以成为他自己。广州城由一群又一群，一代又一代，找到了生命趣味，焕发了内在生命活力，淡化了生存苦恼的人们来建造，来完成，来升华……它本该世故，却充满新锐。它本该老迈，却充满活力。它充盈着精神成长，精神富足，精神自由的底色，与富庶的城池一起，与每轮旭日同升！

（图片由云志艺术馆提供，原载《老照片》第 142 辑，2022 年 4 月出版）

德国人拍摄的胶济铁路

周　车

　　1904 年 6 月 1 日，青岛与济南间的胶济铁路全线通车，成为德国武力强占胶州湾，强迫清政府与之签订《胶澳租借条约》后，通过修筑铁路向山东内地进行殖民渗透的重要一步。近日，笔者在临淄云志艺术馆收藏的当年德国人拍摄的众多相册中，看到了一组胶济铁路早期原版老照片，数量虽然不多，但其反映出的历史风物也颇耐人寻味。

　　图 1 拍摄于胶济铁路开通之初的高密站，崭新高大的站房前面中德官员悠闲地谈笑风生，众多百姓在近旁围观聚集。虽然车站入口的灯笼下站着头戴钢盔的德国兵，照片右侧车厢前面也站着一排头戴环形礼帽的铁路警察，但也不是荷枪实弹的样子，大家都在等待着一列火车的到来。但就在几年前，德国人刚刚开始在山东修铁路的时候，德国军队、中国官员和高密百姓之间的关系，却完全和这张照片相反，用剑拔弩张、不共戴天来形容一点都不为过。

　　山东人口稠密，又多以务农为生，土地是人们赖以生存的基础，由于贫困、灾荒、政治搜刮和社会不平，动乱时常发生，在这里修建铁路，穿越农田，必定会激起很多矛盾。德国传教士在鲁南地区的传教活动激起了当地民众的反洋教斗争，1897 年德国占领胶州湾的军事行动更是在山东引起了强烈反应。在这样一个充满不安定因素的地区修建第一条铁路，本身就是一个巨大的挑战，而德国人在铁路建设初期的野蛮行径又加剧了矛盾，导致严重暴力冲突的多次发生。1899 年 6 月铁路建设开始不久至 1900 年秋，德国的山东铁路公司与当地民众发生了三次规模较大的暴力冲突。

图1 在高密站等车的中德官员

　　第一次发生在1899年6月,胶澳总督派军队对中国民众进行了血腥镇压。随后莱州候补知府石祖芬与胶济铁路第二工段负责人锡贝德续订了《筑路善后章程》。此章程规定,铁路小工有调戏妇女、与民人口角之事,由地方官讯办;民人有拔标阻工之事,由地方官解散;铁路小工,托地方官代雇,其每日薪资,由工程师会同地方官亲手付给;拆屋迁坟,公司知照地方官查勘商办;租屋请地方官帮助,土石、木料等均由地方官购买并代付款项;租地请地方官帮助等。地方政府为此还规定:破坏勘测路标者罚款五两,若找不到此人,村长要负责筹集这笔钱;若有中国或德国铁路工人被杀或被伤而找不到罪犯,全村都将受到严厉惩罚。胶州知州让沿线二十个村子签协议,承担保护该地区工程的责任。但《筑路善后章程》将帮办和保护铁路的责任全部加到地方官身上,却没有给中国方面对铁路的控制权,对德方的山东铁路公司也没有做出任何限制性规定。事态后来的发展证明,这次事件只是更大范围、更严重争端的前奏。

第二次更大规模冲突发生在 1899 年年底，铁路建设再次中断。新任山东巡抚袁世凯以此为契机，于 1900 年春与铁路公司谈判签订《胶济铁路章程》。这份《胶济铁路章程》对铁路建设和保护，以及中国人参股等方面做出了详细规定，规范了铁路公司的行为，理顺了铁路公司与山东省官府的关系。有利于铁路工程的顺利进行。双方均对谈判结果表示满意。德国人认为他们只放弃了很少的权利就换来了铁路沿线的和平，而中国人只获得很小的铁路控制权，对山东铁路公司的经营活动也没有很大影响。袁世凯则认为，通过签订章程，德国公司承认了铁路处于中国管辖权之下。德国学者罗梅君等人则认为"章程的意义在于为中国政治提供了一种对付帝国主义列强经济渗透的方法"。

1900 年 6 月义和团运动高涨期间，发生了第三次针对铁路的暴力活动。为此，胶澳总督叶世克向高密和胶州各派出了两百人的军队，以确保胶州一高密段铁路恢复建设，并在两地修建兵营，驻扎长达五年之久。直到 1900 年 10 月，山东局势才总体上缓和下来。1905 年 11 月，时任山东巡抚杨士骧与德国人达成《胶高撤兵善后条款》，规定德军从胶州和高密撤兵，山东巡抚派警察接收中立区范围内的护路权。中国以约四十万银元收回德国以约一百一十万马克在上述两处建造的兵营。

图 2 和图 3 照片就分别反映了德国军队在高密站集结，通过胶济铁路运送陆海军士兵的场景，只不过是冲突发生几年后赤手空拳的例行换防了。

针对高密发生的一系列阻路冲突事件，德方的山东铁路公司为解决铁路修建过程中复杂的土地产权，采取了一种简便的方式：由公司与各县的知县和乡绅代表就整个县签订一份土地购买合同，商定每亩土地的平均价格以及用于补偿迁坟和耕地损失的固定金额。至 1900 年 5 月，分别与胶州、即墨、高密、昌邑、安丘、潍县签订了土地合同。

为了缓和与民众的矛盾，山东铁路公司还采用包工头制，劳工由包工头招募，来满足铁路建设对大量廉价劳动力的需求。这不仅是出于他们对这些乡民吃苦耐劳品质，和经过短期培训能够达到技术能力的认可，更重要的原因是付给中国劳工的低廉工资对开支巨大的铁路工程更为有利的诱惑。德方详细地算过一笔账：一个中国小工一天的工资为三十至三十五分尼，泥瓦匠、

图 2　在高密站等车的德军士兵

图 3　经胶济铁路转运的德国军队

木匠、细木工、木桶匠为四十分尼，铁匠、铜匠、锁匠和石匠约为五十分尼。工作时间从日出至日落，中间约有两小时的休息。如果教导有方、监控得力，一个小工大抵与欧洲小工的水平相当。手工艺人大概需要一到两个月的培训，可达到欧洲手工艺人一半的水平。1902年春，在胶济铁路全线上工作的劳工达两万至两万五千人，包括当时所有从事铁路建设及供应和搬运石头、土方、石灰和水泥的中国人。此外，1899年秋德方在青岛建立了第一所铁路学校，以培养铁路所需的中国职员。学成之后被分配到胶济铁路的各个车站，担任助理、秘书、电报员、扳道岔工、调车长、机车司机、列车员等职，其中有些人成为小站站长，有些人成为大站的副手。

中德双方经过多次的冲突与调适，胶济铁路才得以继续向济南修筑。由于以上事件，高密西乡没有按照平均七千两百米的距离设立车站，而延长到十五余千米，这就成为高密至蔡家庄两个车站超长距离设置的原因。

图4拍摄了高密站建筑全景。高密站距青岛一百千米左右，始建于1901年，1901年9月8日开站运营。主站房二层砖木结构，顶部设有阁楼，屋顶

图4　高密站建筑全景

随建筑高低起伏，屋脊除了采用具有冀鲁豫民居典型特征的透风脊，还在屋脊顶端设计了二龙戏珠、末端采用了瑞兽装饰，中式建筑元素突出。整个二层外墙装饰了外露的木架结构，呈现出漂亮的几何造型，划分一二层间的腰线十分明显。中式四面坡的屋顶两面各嵌入了一个硕大的老虎窗，仿木结构划分的面积覆盖整个二层，与底层的清水墙白线沟边形成鲜明对比。不过屋顶中式脊瓦与德式立面的结合还是显得生硬，见证了那个时代的融合演变。

如果把包括高密站在内的胶济铁路早期站房建筑放在一起，会发现德方在胶济铁路沿线车站的设计上采用了"中西合璧"的建筑风格，而且随着铁路不断向山东腹地延伸，其风格越来越向中式建筑靠拢。据说这种"创意"来自主持胶济铁路修建的负责人锡乐巴。在华期间，锡乐巴对中国的建筑艺术产生了浓厚的兴趣，并进行了深入研究，从而影响了胶济铁路站房的设计。这种"中西合璧"的建筑风格，应该是要吸引更多中国人成为铁路的乘客，减少对这种新交通工具的不信任。应该说，德方山东铁路公司采用的站房设计方案，不仅是吸取筑路过程中在高密等地发生纠纷冲突的教训，而且是德国铁路工程师学着与中国百姓融洽相处的结果。可以想见，针对当时中西间政治和文化对抗的情况，在建设铁路设施时充分考虑中国文化，一定是山东铁路公司管理层除了经济因素以外无法回避的难题，毕竟铁路修通后还要通过运营获取更大的经济利益。

图5延续了图1中的场景，标有"山东铁路公司"名称的花厅车停靠在高密车站，官员人等握手道别乘车而去。花厅车是头等车厢，座位有软垫和方便的靠背，座位前面的间距也很大，六人的隔间可以关闭。车厢两端各有一间封闭的小房间，一间是供车辆看守人休息和取暖用的，另一间是观景隔间，里面有一张桌子和两个沙发椅。观景隔间旁边是客厅，也有沙发、桌子和几把沙发椅，过道旁边还有两个睡觉的隔间，里面有床和厕所，夜间车内会有煤油灯照明。当然，这种等级的车厢不是中国人有钱就能乘坐的，那都是给蓝眼睛、高鼻梁的洋人和巡抚、道台大人准备的。甚至在1902年12月山东巡抚周馥参加潍县至昌乐的通车典礼，也只是给安排了二等车。二等客票是三等客票的5.8倍，一等客票更是高达11.6倍。胶济铁路最初的时候，普通中国人只能坐三等车，但很多乡民不相信他们的行李、买来的商品或要

图5 正在登车的德国官员

带到市场上出售的货物，可以放心地交给行李车看管，而他独自去乘坐三等车，所以把箱子和行李包拖到货车上后，或坐在地板上，或坐在自己的行李上，相伴的常常是一股股鱼肉家禽散发出来的刺鼻腥臭味，这种车厢被戏称为四等车。

图6应该是送别活动结束后，高密当地的中国官员离开高密站的情景。照片前景，四名轿夫健步而行，两名衙役紧随左右；照片左侧，另几名衙役和轿夫正在为大老爷掀起轿帘，几名乡民静静地站在一旁观望。

胶济铁路开通后，官员在车站迎来送往几乎成为新的"惯例"，既表现了隆重，又展示出热情，更让南来北往的民众"大饱眼福"。对此，中国近代小说家、翻译家、报人包天笑在《钏影楼回忆录》中的"记青州府中学堂"章节，有如下生动记录：山东巡抚周馥到青岛与德国人交涉，从济南乘胶济铁路火车到青岛经过青州府。省里通知青州知府，说抚台过境青州府，要令本府全体学生，到火车站列队迎送，以示本省兴学有效。谁料火车到站后，

图 6　中国官员乘轿离开高密站

不但学生们没有见到抚台,连太尊以及益都县也没有见到,说是一概挡驾道乏。据说府台大人在专车里睡中觉,概不见客。学生们在车站上站了班,只见几个武巡捕,手里抓了一大沓手本,喊过学堂的头脑,让学生一概退去!

　　中国官员在车站的排场也不一定都能摆得出来,特别是身着便服、不坐官轿,还遇到"洋鬼子"的时候。当时的上海《申报》记载:1905 年 4 月 30 日,山东道台黄中慧乘坐头等车去青岛,列车行至高密站时,站长德国人奥力虚见黄中慧身着洋装,误把其当成日本侦探,对他态度恶劣。这时有三名德国军官和律师偕家眷持头等车票上车,奥力虚遂命令黄中慧把座位让给德国人,黄中慧用英语据理争辩,结果被拽下车。同车之人告诉站长,黄中慧是中国监司大员,不能如此对待。站长这才知道做错了,于是请黄中慧上车。黄中慧不肯,在高密站停留。等他到达青岛后,山东铁路公司总办锡乐巴亲自到他住的旅馆慰问。事后,锡乐巴还向黄中慧致道歉函,称黄道台在高密站"所遇不便"是由于站长奥力虚"尽职太过"引起,已撤销了该站长职务。黄中慧对铁路管理层的轻描淡写大为不满，他强调说，他并无过失，却被逐出车外，交士兵看管，被剥夺人身自由，铁路公司却只称其为"不便"，称该站长"尽职太过"，由此可推断铁路公司"虐待华人已视为成例"，"若不将此等妄为之事从此杜绝，则铁路公司之后患止复无穷"，而且德国的声誉，尤其是铁路公司的名声"从此败坏殆尽"。将来如果外国人受到中国人的无礼对待，皆不应向中国官员申诉，因为"此等恶行实由汝辈首开其端故也"。报上的评论还称，中国人不再处于德国占领初期的那种卑躬屈膝的地位了，所谓的"黄种人"获得了自信，不能再由外国人做主——特别是在铁路的问题上，云云！

图 1 照片中依稀能看到胶济铁路警察的身影，图 7 在芝兰庄站仓库门前给他们拍摄了特写。照片有些模糊，四名铁路警察立正姿势，双手端枪敬礼。从拍摄角度和清晰度推断，拍摄者应该是在行驶的火车上，给这几名向他们敬礼的铁路警察按下了快门，而芝兰庄站正属于胶济铁路警察高密第四分局管辖。

图 7　芝兰庄站的铁路警察

根据中德双方签订的《铁路许可权附加规定》和《铁路警察章程》，胶济铁路警察是在铁路完工后，由中国和德国监管人员共同组建的，其职能是保护铁路财产和铁路职员的安全，确保铁路运输顺利进行，主要惩罚那些违反运营规定的行为和偷盗等小的违法行为。此前，胶济铁路自路轨铺设以来一直有偷盗螺栓和鱼尾板的案件发生。有一次，线路上十六个鱼尾板被盗，差点发生列车出轨事故，幸亏巡检员及时发现并立即采取了补救措施。针对类似严重影响铁路建设和运输安全的恶性事件，德方山东铁路公司总办锡乐巴，指责山东巡抚周馥没有采取必要的惩罚措施。周馥则反驳说，大部分偷盗案件是由铁路工人干的，也只有他们才知道怎样拧开鱼尾板的螺栓。反过来指责德方没有遵守《铁路章程》规定在铁路施工沿线多雇用本地人，却雇用了数百名来自河南、直隶及其他省的无业游民，这些人被解雇后在铁路上偷盗才是造成恶性事件发生的主要原因。

1904年3月24日，中德共管的铁路警察部队成立，分布于胶济铁路沿线各车站，由六名长官、六十二名下级警官和八百三十二名警员组成。警察总局设在青州府，总局有警察局长、警察总监、警察法官、监察员、事务长、刑事警长各一名、秘书两名、刑警三十名及脚夫十名，济南府东、周村、潍县、高密和胶州设立五个分局，但德国人认为这支中国警察部队素质很差，不足以保护铁路安全。

图8拍摄了胶州站的一幕场景，站台上身着官服的官员及其随从先后走过，头戴礼帽的铁路警察注目凝视，众多乡民大气不敢出地呆立在一旁。但笔者认为这张照片上真正耐人寻味的不是这些，而是站房墙壁上"胶州站"三个字下面那个小盒子——铁路邮政信箱。

1900年7月，还在胶济铁路建设期间，德国邮政为方便铁路建设人员收寄邮件，就在胶州城的外港塔埠头设立了邮政代办处。1901年4月8日，随着胶济铁路青岛—胶州段开通，德国铁路邮政部门为胶济铁路专门配备了在德国生产、带有德国邮政当局标志的车辆，但按照德国邮政部门规定，胶济铁路只能运输德国铁路邮政的邮件，后来经中德双方协商，德方才同意有偿运送中国邮政的邮件。胶济铁路邮政兼行李车长20.5米，车厢构架由型钢制成，外表采用带有天然涂层的缅甸柚木，车厢内用松木板装饰，顶盖上装有遮阳棚，

图8　胶州站场景

分隔为行李间、德国邮政隔间、中国邮政隔间、列车员工作间、客厅和厕所，还有蒸汽供暖和煤油照明。

1910年前后，青岛与柏林实现了铁路连接，大大缩短了之前海路邮政至少需要四到六周的时间。一张明信片通过德国铁路邮政从青岛寄到德国只要十五天，共经过九条铁路，全程11851公里，依次经过：胶济铁路青岛至济南府，津浦铁路济南府至天津，京奉铁路天津至沈阳，南满铁路沈阳至长春，中东铁路长春经哈尔滨至满洲里，随后穿越贝加尔湖从满洲里至伊尔库斯克，再穿越西伯利亚从伊尔库斯克经奥姆斯克至莫斯科，再经华沙至亚历山大罗，最后通过普鲁士国有铁路从亚历山大罗经索恩抵达德国柏林。

我想，当年照片中的乡民无论如何也想象不到，投放到车站墙壁小盒子里的那一张小纸片经历的"铁路之旅"。

（图片由云志艺术馆提供，原载《老照片》第135辑，2021年2月出版）

1909 年：张伯林的四川老照片

蜀中客

　　近些年，一大批署名美国地质学家张伯林（Chamberlin）的 1909 年的老照片在网络中广泛流传，其中有关四川的照片很多，有一些已登载在记录四川历史的书籍中。这批老照片拍摄的地域和涉及的内容很广泛，记录了晚清时期广东、广西、四川、河南、直隶、山西、奉天和香港、上海、南京、北京、武汉等地的社会人文、城市乡村、地理风貌等。这些拍摄于一百多年前的几百幅老照片，以其图像清晰、内容丰富而深受网友的关注和喜爱。

　　遗憾的是，这些精彩的老照片虽然流传甚广，但上面除了标注有"拍摄者"张伯林和地点等简单信息之外，没有更详细的文字说明。由于对其缺乏深入的探讨与研究，人们无法了解这些老照片应有的价值和内涵。甚至，有些转帖者还想当然地把张伯林注解成旅游者，是来中国游山玩水的美国游客。

　　这批老照片拍摄的真实原因和背景是什么呢？张伯林一行到中国到底是来做什么的？保存这批老照片的美国伯洛伊特（Beloit）学院，不仅公布了这些照片的高清大图，还公布了罗林·张伯林（Rollin T. Chamberlin）沿途写的六册日记，日记提供了中国之行的详细信息、行程和见解感受。从日记中我们可以断定，这批老照片的实际拍摄者是罗林·张伯林，他是时任美国芝加哥大学教授、著名的地质学家汤玛斯·张伯林（Thomas C. Chamberlin，1843—1928）唯一的儿子，也是芝加哥大学研究生毕业后留校任教的年轻地质学者。1866 年，罗林的父亲汤玛斯·张伯林毕业于伯洛伊特学院，之后出任威斯康星大学教授、芝加哥大学教授和美国地质学会总裁（主席）。罗林·张伯林为纪念父亲毕业于伯洛伊特学院，便把这批 1909 年考察中国之行

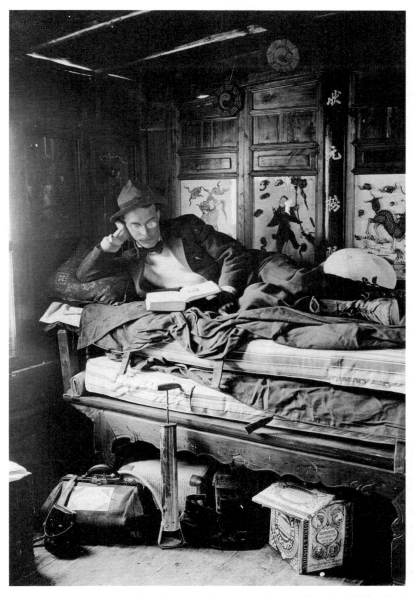

图1　1909年3月16日，房船内舱里罗林·张伯林正在床上看书。船舱内墙上有中国传统的福禄寿图案和对联

图2　考察团翻译王先生

拍摄的七百多张照片和自己的六册日记，以其父亲的名义交由伯洛伊特学院典藏。

　　罗林在日记中记录了他们在中国数月行程中每天的所见所闻，以及所拍摄照片的说明等。但是，对于他们到中国四川的背景和目的，他没有交代清楚。其实，他们这次1909年上半年的中国之行，得到了美国当时最大的实业家老约翰·洛克菲勒的支持。

　　1900年庚子事变，是世纪之交的一件大事。中国虽然遭受了空前的惨痛灾难，但中西关系因此发生了重大改变。一批有见识的西方人认识到，应该在中国普及现代知识和新式教育，推动中国向现代化发展和进步。因此，进入 20 世纪以后，在西方人中兴起了一股到中国兴办教育机构的热潮。其中就包括美国洛克菲勒基金会。

约翰·戴维森·洛克菲勒（John Davison Rockefeller，1839—1937），美国实业家、慈善家。1870 年他创立标准石油，在全盛期垄断了全美 90% 的石油市场，成为美国历史上的第一位亿万富豪与全球首富。洛克菲勒在人生的后四十年致力于慈善事业，主要致力于教育和医药领域，两所美国顶尖大学芝加哥大学（1890 年成立）与洛克菲勒大学（1901 年成立）都是由他出资创办。洛克菲勒坚信他人生的目的是"尽力地赚钱，尽力地存钱，尽力地捐钱"。他虽以许多负面手段成为空前的巨富，但他终生烟酒不沾，私生活极为严谨，一生勤俭自持。他在晚年将大部分财产捐出资助慈善事业，开美国富豪行善之先河。20 世纪初，洛克菲勒基金会在洛克菲勒的标准石油公司庞大财富的

图 3　1909 年 3 月 17 日，考察团在夔州府（奉节老城）登岸游览。这是城中的一条大街，两旁是围观的居民

图 4　1909 年 3 月 17 日，罗林从房船上拍摄的云阳张飞庙。在 4 月底返程途中，考察团登岸参观了这座著名的庙宇

图 5　1909 年 3 月 19 日，考察团抵达万县（今万州区）码头，码头上挤满了围观的人群和等待生意的挑夫

图6　1909年3月20日下午，考察团从万县出发，途经万县苎溪河，远处是著名的万州桥

支撑下，计划在中国资助符合社会公益的大型的长期项目。洛克菲勒的好友兼顾问弗雷德里克·盖茨（Fredrick Gates）牧师建议他在中国建立一所综合大学。

洛克菲勒接受了盖茨的建议。1908 年，洛克菲勒成立了东方教育调查委员会，由芝加哥大学教授、神学家欧内斯特·德威特·伯顿（Ernest DeWitt Burton，1856—1925，又译为伯尔顿，芝加哥大学第三任校长）担任委员会的领导。伯顿教授在履行洛氏基金会的计划时，准备先到中国调查其教育、社会和宗教状况，协助在华的外国差会、使团在中国建立一所类似芝加哥大学规模的大学。

在此之前，伯顿先生曾接到了在中国西部城市成都的美国美以美会传教士约瑟夫·毕启（Joseph Beech，1867—1954）博士的邀请。毕启告知他，在成都的美、英、加的教会正在筹备建立一所西方式的大学，希望伯顿先生能够亲临考察，对此提出意见和建议。因而，伯顿便把东方教育调查委员会考

图 7　1909 年 3 月 21 日，从分水到梁山县（今梁平区）的层层梯田

图 8　1909 年 3 月 21 日，途经梁山县东边的几座石牌坊

图 9　1909 年 3 月 23 日，梁山县袁驿坝西部的溪流和石拱桥

图 10　1909 年 3 月 24 日，大竹县西部的一个煤矿吸引了考察团的注意，当地的采煤完全靠人力

图11　1909年3月25日，考察团的队伍正在经过渠县李渡河西部的一座石牌坊和河流上的石拱桥

察的重点放在了华西的成都。

　　毕启，美国传教士、教育家，华西协合大学（现四川大学华西医学中心）的主要创建人。1899年毕业于美国惠斯联大学，获神学博士学位，同年受基督教会差遣只身赴华。1903年来到四川，先后创建了重庆求精中学和成都华美中学。1904年创建成都华英中学，并任校长。1905年参与筹建华西协合大学，1913年任华西协合大学首任校长，1930年辞去华大校长职务，任华大教务长。1946年获民国政府授予外国人的特殊功绩荣誉奖红蓝镶绶四等彩玉勋章，后以七十九岁高龄返回美国。1954年逝世，享年八十七岁。

　　正是在这种背景下，1909年1月初，美国芝加哥大学东方教育调查委员会考察团一行从芝加哥启程，开始了近半年的中国之行。考察团总共由四人组成，欧内斯特·伯顿博士担任团长，成员包括著名的地质学家、时任芝加哥大学教授、年已六十六岁的汤玛斯·张伯林，担任日常联络、生活起居及摄影工作的是张伯林唯一的儿子罗林·张伯林和一位年轻的华裔翻译王先生（Y. T. Wang）。罗林·张伯林随身携带两部柯达照相机，一部为拍摄大底片（约7英寸×5英寸）六张一卷的相机，一部是拍摄较小底片（约4.5英寸×3.5英寸）十二张一卷的相机。从照片上看，拍摄照片的工作主要由罗林担任，王翻译有时也参与拍摄。

伯洛伊特学院典藏的归属汤玛斯·张伯林教授名下的老照片共计七百二十六张，除去途经夏威夷、日本、俄国、瑞典、挪威等国家和地区时所拍摄的八十余张，在中国拍摄的照片计六百四十余张，其中在四川（包括重庆）拍摄的就有二百四十余张，反映成都城区街道、成都平原的照片数量尤为众多，内容最为丰富。

从这些照片分析，罗林·张伯林不仅是一位年轻的地质学学者，而且还是一位非常优秀的摄影师。这批照片的拍摄无论是取材、构图，还是景物、人物的取舍，包括抓拍，都十分到位。罗林拍摄的照片都是行摄，一路拍摄

图 12　1909 年 3 月 27 日，顺庆府（今南充市）附近的平原与嘉陵江

图 13　1909 年 3 月 28 日，顺庆府嘉陵江北岸的白塔

图 14　1909 年 3 月 30 日，考察团一行行进在倘家附近的山路上

图 15 1909 年 3 月 30 日，途经道路旁边的一所学堂，罗林拍下学堂门外站立整齐的学童和老师

图 16 1909 年 3 月 31 日，三台县观音桥（今观桥镇）旅店内房门口，考察团唯一的合影。左起依次为伯顿教授、汤玛斯·张伯林教授、毕启博士、王翻译、罗林·张伯林

所见的场景，但很少有场景杂乱无章的败笔。罗林还要在旅行途中及时把拍摄过的胶卷冲洗出来，没有过硬的摄影操作技术，是无法完成这项工作的。正是因为罗林照片拍摄得精彩、生动，才吸引了众多网友的围观和转载。

接下来，我按其中一些照片拍摄的时间顺序，来解读这些老照片拍摄的地点、内容，并阐释我的理解。

1909 年 1 月 4 日，美国芝加哥大学东方教育调查委员会考察团从芝加哥启程，横穿美国大陆，于 9 日在旧金山登上到日本的邮轮，途经夏威夷做短暂停留后，于 1 月 20 日左右到达日本。考察团在日本几个城市逗留数天后再次登船，于 2 月初抵达上海。在上海，考察团见到了时任两江总督的端方，端方邀请考察团去南京考察。因此，伯顿一行在上海停留数日后即坐船抵达南京，与端方进行了深入的会谈。端方曾率团访问过欧美，对西方社会有所

图 17　1909 年 4 月 1 日下午，考察团到达中江县大礤墩，停下住店过夜。全镇的居民几乎全部出来围观这些远道而来的住宿者

图 18 1909 年 4 月 2 日，中江县兴隆场附近的村民正在露天熔铁铸造农具。这种土法熔铁铸造技术引起考察团的兴趣

了解。端方对洛氏基金会的意图表示欢迎，并对此提出意见和建议，表示他会将考察团的情况上报北京。可惜罗林·张伯林仅仅在日记中简单记录了会谈情况，却没有拍下会谈的影像。之后，考察团返回上海，由上海乘坐轮船到香港、广州，沿西江到三水，最终到达广西梧州。考察团原路返回上海后，从吴淞口乘坐江轮溯长江西行，经停汉口数日后，于 3 月 11 日到达宜昌。

在湖北宜昌，考察团一行见到了从成都前来迎接的约瑟夫·毕启博士及其随员。毕启已经为伯顿一行安排好了前往四川的房船和行程，令考察团一行非常满意。1909 年宜昌到四川还没有开通机械动力的江轮（1910 年始开通），上溯入川只能乘坐每天行程仅数十里的木船。途经山高水急的三峡和一道道险滩，全靠船夫和纤夫一步步拖拉。3 月 12 日考察团自宜昌启程，16 日到达四川境内的巫山，19 日抵达万县。在万县，考察团登岸，从陆路前往四川首府成都。

清末的四川交通条件极为恶劣。考察团之前所到地方都有水路或铁路相通，乘坐轮船、木船还比较舒适。从万县到成都的道路是历史悠久的官道，长约四百英里（约六百五十公里），是传统上从长江水路入川的最佳路线，一般行程多为十四五天，唯一的代步工具只是四人抬的轿子，每天行程仅七八十里，晚上便要住店睡觉。沿途客店多是极为简陋的小店，有些可以说是肮脏不堪。英国旅行家伊莎贝拉·伯德女士和日本教师山川早水，都在各自的书中绘声绘色地对19世纪末20世纪初四川沿途旅店的破败肮脏做过描述。一百多年后的我们，或许难以想象那时的旅行，如今走高速公路不到一天时间的路程，那时却要走上十多天。

罗林在日记中并没有对沿途吃住条件进行叙述，作为地质学者，他更多关心和记录的是沿途的人文地理。他以一个西方年轻人充满新奇的眼光看待沿途的人文风景，拍摄的照片内容极为丰富，山川地理、道路村舍、人文风貌等，

图19　1909年4月4日，位于成都陕西街基督教堂东侧的存仁医院（现在的四川省教育厅所在地）。存仁医院是20世纪初由一名叫甘来德（Harry L. Canright）的美国医生、传教士于1894年开始修建。建成的存仁医院为三层丁字形楼房，主楼中央有四面钟楼一座，高于主楼约六米，为成都第一座砖木结构西洋高层建筑钟楼

图 20　1909 年 4 月 5 日，正在华西坝打棒球的华西高级中学堂的学生，罗林也参与其中

图 21　1909 年 4 月 6 日，为筹备前往灌县（今都江堰市）山区考察，罗林与王翻译到成都商业大街购置相关的物品。这是成都东大街的一段街景

使得清末四川的风貌清晰地展现在一百多年后的我们面前。

3月20日上午，毕启的随员雇用好前往成都的轿子和挑夫，下午考察团离开万县，途经万县（今万州区）分水（住店过夜）、梁山县（今梁平区）、梁山袁驿坝、大竹县、渠县李渡河、渠县新市场、蓬安县跳蹬坝，27日下午抵达顺庆府（今南充市）。28日，考察团在顺庆休整一天，参观了当地的学校、丝绸厂等，罗林还专门渡过嘉陵江拍摄了南充那座著名的白塔。之后，考察团继续西行。途经蓬溪县、遂宁县太和镇、三台县观音桥（今观桥镇）、中江县大礁磴、金堂县姚家渡，最终于4月3日下午抵达成都，经北门入城住进位于陕西街的美国美以美会基督教福音堂。

从4月4日到6日在成都的三天时间里，考察团的日程紧张而繁忙。他们先后拜访了四川负责文化教育的提学使方旭，到总督衙门拜访时任四川总

图22　1909年4月6日，成都的一条商业街，两旁是商号店铺的招牌，远处过街牌楼上写着"中法大药房"

图23　1909 年 4 月 7 日，成都平原的稻田和村舍竹林

图24　1909 年 4 月 7 日，路旁一群采花的女童看见罗林拍照后纷纷躲避

图 25　1909 年 4 月 8 日，考察团从灌县（今都江堰市）西门沿松茂古道西进

图 26　1909 年 4 月 8 日，罗林从灌县松茂古道拍摄的都江堰鱼嘴、金刚堤和安澜索桥

督的赵尔巽，对四川的教育现状交换意见，介绍了洛克菲勒基金会的设想，听取总督的建议和意见。总督赵尔巽刚刚接到北京的电报，考察团就到达成都，他对考察团的行事风格、办事效率表示了敬佩。考察团会见了在成都的欧美各界人士，与成都的美、英、加教会负责人毕启、陶维新、启尔德等人开了两次会，就即将建立的华西协合大学的设置、管理等一系列问题深入讨论，提出许多意见和建议。

　　1909 年 4 月 4 日，考察团在成都南门外参观刚刚修建不久的自来水提水装置。位于成都南门外的南河上，照片中水车的背后可以看见南门城楼顶。成都自古城内水井水质不好，居民饮用水多是购买南河的河水。清末，成都有关衙门在南门外的南河修建起直径达十米的大水车，把南河水打上来，穿过城墙，引入城内的一个大蓄水池里，再通过引水管把池里的水引到各条街上的蓄水井中。引水管用的是一节节粗大的竹子，用苎麻捆绑连接后再敷上

图 27　1909 年 4 月 8 日，路遇古道上的背夫

水泥；蓄水井的周围及井底用木板做护壁，防止井水往外渗漏或井外的水浸入。当时，这项工程是成都当局引以为傲的典范。

他们还登上成都南门城墙，游览观赏城墙内外的风景，参观位于贡院内的四川高等学堂（四川大学前身），罗林对高等学堂的校舍、教学设备等给予很高的评价。罗林在日记中对成都的城市街道的整洁宽敞表示惊讶。成都的街道和城墙上的景色都被罗林一一拍摄下来。

4月7日至11日，考察团经满城出西门前往灌县山区进行考察。一路上罗林使用两部照相机拍摄了众多的沿途风光和人文影像，他对于四川平原的美丽富庶、植被丰茂，人流、物流的繁忙发自内心地赞叹。

作为地质学家的张伯林父子，到四川的目的有一项就是考察被西方称为"中国西部的阿尔卑斯山"的灌县西部的龙门山。五天时间里，他们在灌县

图28　1909年4月10日下午，新场（今都江堰市聚源镇）戏楼前的数百名观众和演员都转身观看罗林拍照

图29 1909 年 4 月 11 日，在郫县（今郫都区）吃午饭时，罗林拍下了这张一个当地妇人坐在门外吸烟的照片

图30 1909 年 4 月 11 日，郫县当地一家人的后院

住宿一晚，住宿在灌县以西大山中的汶川县漩口镇两晚，沿松茂古道到达映秀湾以西数公里后才折返。他们用携带的测量海拔的仪器、经纬仪等对岷江的走势、沿途大山的地理构成等做了较为详细的记录，在日记中还绘制了简略的地形图和岷江走势图。

4月10日由漩口镇返回途中，他们参观了都江堰和二王庙，对都江堰的功能和李冰父子的功绩赞誉有加，认为二王庙展现出了中国建筑的奇妙和俊美。当晚，他们在灌县的新场（今都江堰市聚源镇）住宿，罗林拍下了几张非常有特色的照片。

4月12日中午，四川布政使（藩台）王仁文与负责教育的道台、负责工商业的道台，在布政使司衙门宴请考察团和筹备华西协合大学的主要负责人。午餐后，大家一起在衙门花园里合影，并一同参观花园里饲养金鱼的池塘和饲养的孔雀、鹿等。

图31　1909年4月11日，五位沿途护卫考察团的灌县士兵。根据1876年中英《烟台条约》规定，外国人在中国旅行，沿途各地衙门都要派出士兵负责护送，每到一县相互交接。灌县这几位士兵护送考察团到郫县后即将返回，罗林为他们拍下了这张照片

图 32　1909 年 4 月 12 日，四川布政使宴请考察团即筹备华西协合大学的主要负责人午餐后在衙门花园里合影。根据罗林日记记载，合影前排左起依次为负责工业的劝业道道台周孝怀，汤玛斯·张伯林教授，布政使（藩台）王仁文，伯顿教授，负责教育、文化的提学使方旭，加拿大传教士启尔德博士；后排左二英国传教士陶维新、左四罗林·张伯林、左六美国传教士毕启博士、右二王翻译，其余的是四川各衙门的官员和外国在成都的传教士

图33　1909年4月13日，成都满城中的一条大街。根据罗林的描述，这条街道应该就是进入满城东门的喇嘛胡同（祠堂街），由此可以通往成都的西门

图34　1909年4月19日，修建在岷江旁半山上的叙府（今宜宾市）寺庙（半边寺）

图35 1909年4月23日，重庆城的南岸，房船前一晚停靠在德国炮舰"沃特兰特"号附近过夜

　　4月13日是考察团在成都逗留的最后一天。上午考察团专程游览满城和汉城附近的街道，罗林拍下了几张极具特色的满城街道的照片，对我们如今了解满城有了直观的印象。在陕西街美以美基督教教堂旁的存仁医院的塔楼上，罗林还拍摄了两张成都天际线的照片，让我们如今能够清晰地观看到当年成都城区的美丽风貌。下午，华西协合大学筹备组与伯顿等再次聚会商讨华西协合大学建校的情况。之后，汤玛斯·张伯林应邀到四川高等学堂做了题为"亚洲地质状况"的学术报告。

　　考察团完成在四川的考察任务，于4月14日离开成都。由于春季成都锦江水流少，河道浅，事前预定乘坐的房船只能上行到彭山县（今彭山区）的江口镇停泊，考察团必须先走陆路经双流、新津，再到彭山江口镇。因而伯顿一行在毕启派出人员的陪同下，乘坐轿子走陆路一天，当晚留宿彭山县青龙场，第二天中午过后在江口镇登上返程的房船。

　　考察团的房船顺岷江而下。途经嘉定府（今乐山）、叙府进入长江，再经泸州到重庆。在重庆短暂停留后，继续乘船沿长江航行，经涪州（今涪陵）、万县、夔州、巫山县，于4月29日离开四川。伯顿一行从3月中旬到4月底在四川的行程共计一个半月。

5月1日，芝加哥大学东方教育调查委员会考察团到宜昌换乘轮船前往汉口。在汉口停留数天后分为两路，伯顿先生由英国商人立德陪同继续沿长江而下，到湖南、南京、上海，再到北京。张伯林父子和王翻译则乘坐火车沿卢汉铁路北上，先到河南省河南府（今洛阳），再到卫辉（今新乡），之后在石家庄转车到山西太原，从太原到北京。在北京期间，他们还到了居庸关、怀来、宣化，最后返回北京与伯顿先生会合。考察团再乘坐火车经山海关到奉天府（今沈阳），最后坐火车沿中东铁路入俄国，经西伯利亚铁路到莫斯科。最后坐轮船经瑞典、挪威返回美国。

芝加哥大学东方教育委员会1909年上半年这次中国之行的考察作用到底有多大不得而知，但之后的成效是显而易见的。该委员会之后又两次派出考察团赴中国考察，1913年洛克菲勒基金会决定成立"中华医学基金会"，并于1915年在北京收购协和医学堂，开始筹建合乎美国一流标准的北京协和医学院。1917年9月建立北京协和医学院，开办医预科，附属医院为北京协和医院。1921年一座中西合璧宫廷式建筑落成。到1947年医学院移交中国，洛氏基金会共投入资金4465.2万美元，是该基金会在海外最大的项目。如今，北京协和医院依然是我国实力最强、医疗水平最高的医院。

美国著名的《国家地理》杂志1911年12月刊登了罗林·张伯林撰写的文章《人口稠密的美丽四川》，并配有二十幅他拍摄的成都城区、成都平原、都江堰的照片和绘制的地图。这是该杂志最早介绍中国四川的重要文章之一。

（原载《老照片》第129辑，2020年2月出版，稍有修订）

梅荫华的中国影像记录

曲德顺

19世纪以来，自中国打开国门，这个神秘的国度便为世界所关注。众多的人口、悠久的历史，使得中国像磁铁一样吸引着各路洋人前来。天主教会也派出数量众多的传教士进入中国，他们不仅用眼睛观察中国，有些神甫还用相机记录中国社会的方方面面。法国天主教神甫梅荫华（Michel De Maynard）作为一名业余摄影爱好者，所保留下的图片可称记录中国沧桑巨变的珍贵史料。

关注社会底层的摄影师

梅荫华1877年5月13日出生于法国波尔多教区的罗蒙特（Lormont）。1895年加入法国天主教方济各会，1902年被任命为神甫，1903年来到中国山东天主教东界教区（1924年更名为芝罘代牧区）。在那个激情燃烧的时代，作为立志成为传教士的年轻人，他思想早熟，读着先辈的传记，内心充满对中国的向往。梅荫华到达山东时正值二十六岁，首先面临着与所有到达中国的教士相同的语言难关，在刻苦学习八九个月之后，他便开始用带有山东味道的官话与人交流。在山东生活三年之后，他请人为自己拍摄了一张全身照：身材略显瘦弱的他坐在中式圈椅内，一副胶东乡绅打扮，瓜皮帽、棉袍、白袜、黑布鞋，从穿着上看，他已经完全融入了中国人的生活。他对自己带有诗意的中文名字很是得意，还专门为自己的名片拍了张特写照片。在乡间传教时，他拍摄三个洋传教士躺在北方土炕的照片，想必是等有朝一日回到法

图 1　入乡随俗的梅荫华。摄于 1906 年

国时，此片可作为他们"深入群众、开展工作"的影像佐证吧。在山东，除了为东界教区的同事拍摄合影外，他"街拍"锁定的目标皆为胶东社会底层的人，像芝罘（烟台）海边推车的苦力、街头叫卖水果的商贩，威海河边洗衣的村姑、洋房边种地的农民、平房前织布的匠人、骑驴赶路的乡人……梅荫华在芝罘待了八年时间，目前所能看到的三十多张照片中，有多张照片的版权被发行明信片的日本中山商社（Nakayama）所购买。

图 2　梅荫华（后排右二）与官员合影

图 3　官员出行的摆拍照

游走中国大地的"自由摄影师"

目前无法知晓梅荫甫在宣教方面的成绩，如果从他所拍摄的照片中研读，他更像是某个特约机构的自由摄影师。图片显示他的足迹遍布中国的大江南北。现在无从考证梅荫华前往北京的确切时间，他 1903 年来到中国时，慈禧和光绪皇帝已从西安回銮，不知他是通过何种渠道进入紫禁城拍照的。他拍摄了太和殿前长着荒草的紫禁城、箭楼被火焚烧过的正阳门（他本人标注为德胜门）和玉带桥边冷清的颐和园（他本人标注为圆明园）。连绵不绝的长城带给梅荫华极大的震撼，他在说明中写道："这是两千年前的建筑，有六百公里长。"向北他走到了山海关。他还乘坐帆船下江南，江南人雅致的生活吸引着他的目光，他将照片的焦点放在江南人考究的生活细节上，通过明显的摆拍，再现床榻读书、吸食鸦片、紫檀桌边进食、吹箫、对弈的场景。

图 4　上流社会的官绅合影

图5　抱着孩子的年轻父亲

1911 年，梅荫华在回到法国进行短暂的休整之后，得到了陕西教区的任命。他准备了充足的摄影耗材，计划在中国这片历史最古老的土地上，进行一次深度的社会考察摄影。

陕西影像纪实恰逢辛亥革命

清末民初的摄影旅行，绝对不是一场说走就走的出行，而是一场艰苦跋涉的历程。在梅荫华陕西雇用车辆的合同（1912 年 8 月 29 日）中显示，济南到西安的单程运费即需耗费纹银三十一两。他只身前往陕西上任，需要雇用两辆车运送行李，估计他仍使用笨重的湿版摄影设备、遮光帐篷、支架、玻璃底片等器材，才会造成行李如此臃肿笨重。百年前的摄影旅行绝对是场"烧钱"的奢华之举。

1911 年 6 月 12 日（清宣统三年五月十六日），梅荫华获得由法国公使签发的赴陕西的护照。从沿海到西安的漫长旅途，即使乘坐木轮的交通工具，心情迫切的他也在当月就赶到了西安。他马不停蹄地拍摄西安府皇家部队的士兵、部队大规模的演练等照片。在抵达西安的四个月之后，武昌起义爆发，而他整个影集中近半数的一百余幅照片都是在起义爆发前一百多天拍摄完成的。在他的百日摄影活动中，日程如此之满、效率如此之高，这样的节奏，不像去西安宣教，倒似一位手握满满订单的职业摄影师，每天忙碌地为各类预约客户服务。他受邀拍摄各兵种的演练、军乐团演奏、西安军事学堂毕业合影等系列官方样板照片，记录了这个庞大帝国最后时刻的些许微光。

图 6　儿童合影

图7　虎头虎脑的小男孩

同时，他还为官员和近五十个家庭拍摄了情景各异的个人、全家福照片。梅荫华初到异国他乡，即迅速与当地满族官绅建立良好的联系，堂而皇之登堂入室为其拍照，一方面有西安的教会人员为之牵线搭桥，同时也说明他具有高超的亲和力、语言能力和沟通技巧。也许那段时间西安刮起了"梅旋风"，达官贵人以能请到梅师傅为其拍照，作为可以炫耀的谈资。百年前的摄影工作，是技术活也是体力活，准备布景、道具，与被摄影人现场沟通互动，样样都不轻松简单，事事皆需亲力亲为。拥有广泛的旅行和社会活动经验的梅荫华，对中国人情世故的理解远远超出其他同期抵达中国进行商业拍摄的摄影师，在拍摄那些第一次面对相机镜头的男女老幼时，梅荫华能营造出良好

图 8　四世同堂的全家福

图 9　读书人的摆拍照

图 10　新式学堂的两位年轻教员

的拍照氛围，照片中的人物虽内敛矜持，表情却平静放松，连以往照片中官员面对镜头充满怀疑的眼神，此刻也变得颇为坦然从容。

　　武昌起义爆发后，西安的秦陇复汉军，仅用一天时间就攻克了西安城内的满族人居住的满城，由于起义军成员多为会党人员，交战中对满族人进行了残酷的杀戮。英国传教士李提摩太在《亲历晚清四十五年》中说，"1911年 10 月 22 日，陕西省首府西安爆发了可怕的流血事件，一万五千名满族人（有男人、女人还有孩子）都被屠杀"。梅荫华没有像新闻记者那样现场记录"城头变幻大王旗"的历史瞬间，他事后拍摄了五张颓垣破瓦的满城、剪除发辫的行动及部分胜利者的合影。起义发生之后，他拍摄的照片数量明显减少。在一张起义军合影说明中，他写道："曾经的皇家部队，现变成革命军。"作为摄影师的他未曾料到，这场势不可挡的革命，不仅终止了照片中人物的平静生活，而且把他们推向了残酷的命运终点。

　　或许是西安杀戮事件所带来的刺激，让梅荫华提前终止了在陕西的工作。他向"中华民国秦省"提出前往山东烟台的申请，当局在 1912 年 8 月 20 日给予批准，这与梅荫华护照申请批准入陕的时间，相隔了四百三十六天。在一年多的时间内，他经历了千年帝国体制的转变，从风花雪月到血雨腥风，这一切给了这位充满博爱和友善的异国人强烈的心灵冲击。

心态"平和"的摄影师

　　现在可见梅荫华影集中照片的数量为二百三十张，他为照片所编写的序号达到 510，另有九张照片编号为空白，依此判断，梅荫华的照片应超过五百一十九张照片（笔者收藏有梅荫华在山东东界教区拍摄的教士合影）。据查，天主教方济各会档案中存有梅神甫拍摄的五百八十五张照片。以此推算，他可以算作摄影湿版年代的高产者。他细心地在每一张照片下方贴上白

图 11　残破的黄帝陵

纸，以便填写说明，也许是因为整理图片时距离拍摄时间过长，也许是对于拍摄细节的记忆有些模糊，如辛亥革命之后拍摄西安的照片，他只是笼统地在说明上写着"1911—1912"的字样。影集中仅仅有六十七张照片带有手写的法语说明，其余绝大部分照片缺乏时间、地点、人物姓名等关键节点信息，这也成为梅氏照片中最大遗憾之处。

　　早期来华的摄影师在拍摄时，会被人当作行摄魂之术而遭到攻击。1910年的国人，面对摄影这一洋玩意，已不再排斥和恐惧，更多是充满了好奇。不同于某些志在营利的商业摄影师，单纯为迎合西方公众购买兴趣，喜欢追逐酷刑、砍头、乞丐等"中国元素"。梅荫华抱着平和的心态记录他的所见所闻，他更在意被拍照人在日常生活中的状态。他拍摄的对象涵盖中国各个阶层人物，教士修女、天主教徒、僧人道士、在校师生、大清官员、官员眷属、

图12　教徒出发前的合影

图 13　芝罘的水果商贩

京剧演员、贩夫、乞丐、犯人。连外国摄影师甚少关注的普通农民，也多次在他的镜头中留下了身影。梅神甫拍摄的二十张旅游建筑风光照片中，既有残破的黄帝陵、皇陵、寺庙道观，更有教会颇为忌讳的本土宗教偶像。他拍摄的照片没有刻意体现近景、远景的构图，专业性虽略显不足，而对人物的细致刻画，使静态的照片被赋予了几分生动的美感。

清末民初天主教摄影的时代背景

清末民初的中国一直吸引着欧洲人研究的目光。围绕中国内容的插画、照片充斥着当时的报刊媒体。以天主教的《天主教任务》（*Missions Catholique*）期刊为例，有关中国的图片占全年图片总数的比例分别是：1901 年为 14.2%、1906 年 5%，1911 年 25.3%、1912 年 25.4%，1925 年 14.8%。1911—1912 年因为辛亥革命、剪除发辫等新闻事件，欧洲对中国的关注达到高峰。

图 14 芝罘的街巷

　　摄影对传教士来讲,是教学、医学、建筑学之外,提倡掌握的一项重要技能。档案记录显示,像梅荫华一样承担业余摄影任务的传教士就达一百四十九人之多。这些摄影师既要为本教区和欧洲教会报刊撰写稿件,还要将洗好的照片定期寄往欧洲。寄回欧洲的照片被制作为宗教题材明信片广为印刷、销售,以标榜所取得的非凡成就,便于募集更多的善款支持。在天主教方济各会档案中至今保存的八十张芝罘照片、一百四十三张山东其他地区的照片,不知其中有多少是梅荫华所拍摄的?

　　作为非著名摄影人士的梅荫华,在仅见的相关信息里他的生平语焉不详,仅有寥寥几行文字,简历收官定格在陕西 1911—1912 年。1912 年他离陕赴鲁后,便难以在历史档案中觅其行踪,更无法得知其归宿。他纯属个人自发性的摄影,却带有社会学观察的视角,为转折时期的中国保留了精彩的历史瞬间,留下了浓重的一笔。

(原载《老照片》第 135 辑,2021 年 2 月出版)

一百年前的小学校园采风

刘　鹏

　　北京市西城区档案馆里，收藏有一批 20 世纪初初等小学堂的照片。这几张盖有京师公立第二十八国民学校、学生成绩钤印的老照片，拍摄于 1916 年，记录了当时小学生们的学习与生活。

　　二十多年前，西城区档案馆面向社会征集档案，当时的西城区区属学校大三条小学，看到征集方案后，致电档案馆并邀请工作人员前往。当时，档案馆编研科科员周海南到了学校后，一位男老师拿出一个旧盒子，里面装满了老照片，其中就包括这些一百年前初小学堂的旧照。当时，因为学校要撤并，校方决定将这些历经百年沧桑依然得以幸存的老照片交给档案馆保管。

　　京师公立第二十八国民学校创办于光绪三十二年（1906），最初名为右翼八旗第七初等小学堂，校址设在宣武门内，最初有学生两班。民国元年（1912）更名为京师公立第二十八国民学校。民国十四年（1925）添设高小，更名为京师公立第二十八小学校。民国十七年（1928）更名北平特别市公立第二十八小学校。民国十九年（1930）1 月更名特别市市立第二十八小学校。同年 10 月更名北平市立第二十八小学校。民国二十二年（1933）更名为北平市立新街口小学。民国三十四年（1945）更名为北平市立第四区十八保国民小学。1949 年后更名为北京市西城区新街口大三条小学。由于近年来西城区学校布局调整，2002 年 1 月，与西城区东教场小学合并。

　　乒乓球运动起源于 19 世纪末的英国，1903 年，英国人古德发明了胶皮球拍，直到 1926 年，才出现表面有圆柱形颗粒的胶皮乒乓球拍。中国早期

图1 童子军

的乒乓球运动仅在上海、广州、北京、天津等少数大城市开展。这张照片（见封二）证实在1916年，乒乓球这项体育运动已经在京城小学校园中普及。

照片上的乒乓球台案是用两把条凳搭起一块木板而成的简易台案，尺寸很小。注意！左边男孩手里握的球拍像是用硬纸板制作的，显得十分单薄，可见最初的乒乓球运动是很不规范的。在围观的孩子中，男孩子多女孩子少，从他们幼稚的脸上看到是那样的专注，只有站在最右边观看打乒乓球的男孩还留着长辫子，隐约显出大清遗风。

童子军创立于20世纪初，创始人是英国贝登堡爵士。1912年，童子军传入中国。1916年，京师公立第二十八国民学校的童子军在训练后，留下了珍贵的合影，这时童子军刚传入中国只有几年时间。

开创之初，童子军的影响并不大，大多使用英文教学，主要在租界或教会学校和团体的范围内，利用课后、业余时间，进行一些慈善和服务活动。

图 2 课余劳动

图 3 武术训练

图 4　音乐会

图 5　鼓乐队

图 6　放学

图 7　行进表演

图8 弹棋游戏

1915 年，在上海举行第四届远东运动会，童子军进行了会操表演，并参与维持会场秩序等服务工作，引起当时参加运动会的各省教育界人士的注意，其影响逐渐扩大。

童子军有三句名言："准备、日行一善、人生以服务为目的。"平时他们清洁街道，扶老携幼，为一些大型社会活动维持秩序，还是社会运动的积极行动者。

（图片由北京市西城区档案馆周海南提供，
原载《老照片》第 144 辑，2022 年 8 月出版）

英租刘公岛上的营生

彭均胜

从 1898 年起，曾为北洋海军成军地的刘公岛被英国强行租借四十二年，并将其辟为英国皇家海军训练和避暑疗养基地。英国殖民政府为把刘公岛变为专属区，强行收买了刘公岛上的四千八百一十一亩官民土地，并颁布驱逐岛民出岛的强制法令，迫使以土地为"命根子"的岛民流离失所。随着英国军队和外侨的大量涌入，殖民政府不惜耗费巨资建设了许多生活和娱乐设施，间接催生出大量谋生的机会，留在岛上的部分居民和岛外的不少中国人，或屈从于殖民者的淫威，或迫于生活的贫苦，纷纷加入为英国贵族和海军官兵们服务的打工队伍。中国百姓除了被英国殖民政府雇用在刘公岛建设各种军事、生活及娱乐设施，还在岛上从事背球捡球、清扫打捞杂物、拉洋车、摇舢板、搬运工等形形色色的营生。

背球捡球的球童

由于英国海军官兵特别喜爱球类运动，殖民政府在刘公岛上建设了高尔夫球场、台球场、足球场、曲棍球场、棒球场等二十多处，并出现了一个职业——球童。

1901 年，英军在刘公岛东部南坡修建了九洞高尔夫球场，西起东村、东至东泓炮台，器材基本从英国进口，堪称中国第一个海岛高尔夫球场。当时球场实行会员制，只允许高级别的军官和类似地位的侨民及来宾使用，并需要交纳一定会费，其他人员则很难进入。据当年在刘公岛生活过的老人讲：

"英军暑期来刘公岛的，官大的才能打高尔夫球，中层打网球，小兵则只能踢踢足球了。"因而除了极少数的高官之外，能进入球场的威海人只有草坪工人和球童。

做球童的多是岛上的学生和中国雇员、店主的子弟。球童的任务就是，当玩球者进出球场时，把球背进或者背出；在玩球的过程中，把玩球者打出球场的球捡回来。特别是捡球，需要球童不停地奔跑，往往累得满头大汗，他们可以通过体力劳动获取点赏钱。按照相关规则，第一场比赛球童可得到十分钱的报酬，接下来的每场五分。

球童除了捡球背球，还负责垫球。据曾经生活在刘公岛的刘源昌老人说，他当年看到过英国人打高尔夫，当时球童会随身带一个布口袋，里面盛着细沙子，每当会员开球的时候，先在口袋里抓一把细沙放到草上垫高，再安置高尔夫球，这样球杆即便是触碰到球下面的位置，也不会破坏草坪。这堆沙子就是起到一个后来出现的球托的作用。

图1　在刘公岛上打高尔夫。摄于 20 世纪 20 年代

图 2　在刘公岛上打高尔夫的球童。摄于 20 世纪 20 年代

清扫街道和抓脏的"环卫工人"

　　刘公岛上的街道，尤其是英海军官兵驻地，均常年雇用"清道夫"清扫垃圾，整修路面。他们把生活垃圾用车拉到岛上西侧海岸，那里建有两个直通海底的水泥槽沟，把垃圾倒进槽沟，流进海里。目前在岛上麻井子船坞处，还有水泥槽沟遗迹。

　　威海人称垃圾为"脏"。"抓脏"即收集生活垃圾，主要为英国军舰服务，

图3　刘公岛上的清洁运输工。摄于20世纪20年代

偌大的军舰每天都制造出一批垃圾，于是"抓脏"成为威海百姓养家糊口的新营生，也是当年一个令人眼热的新兴行当。

每逢夏季，英国皇家舰队官兵都要集中到刘公岛海面疗养避暑，一时间舰船云集，英舰泊位周围，常有四五百条小舢板围绕舰艇转悠，他们是专门在海面上"抓脏"的。英国海军官兵在舰艇上吃完的罐头盒、喝完的啤酒瓶，随手就扔进海里，还有一些破烂衣服、绳索、木匣子等杂物。当贫穷的威海百姓摇着小舢板，在海上"抓脏"时，一些狂妄的英国海军官兵就用高压水枪喷射他们，以此来取乐。

威海百姓捡回的各种垃圾，成了穷苦人家的宝贝。他们将垃圾分类处理：有能吃的带回家糊口，有能用的留下拿回家过日子，有可以变卖的就挣点零花钱……所以这个行当也是大家抢着来干的。

拉"洋车"的车夫

"洋车"起源于日本,当时威海这个行当主要集中在刘公岛,专做英国海军官兵和外侨的生意。

英国驻刘公岛海军军官及其家属,凡出门办事或游玩,均以车代步,有的是乘车去东泓打高尔夫、看打靶,或是乘车游岛,个别的还有乘人力车举

图4 刘公岛上的黄包车夫。摄于20世纪30年代

图5　刘公岛上的修路工。摄于 20 世纪 20 年代

行婚礼的，还有组织乘车赛跑的。这些拉车人被称为"洋车夫"。"洋车夫"为了养家糊口，只能唯英国官兵之命是从。"洋车夫"把人拉到目的地之后，要你在那里等多久就得等多久。英国官兵有时会指名道姓地让他们熟悉的车夫按时接送，专门为其服务。有的车夫等的时间太长，也不会给他加价，更有甚者，坐了车不给钱，甚至还动手打人……一位叫林双的老人，就是当年的"祥子"，曾经挨过英国水兵的打。多年之后说起这件事，他还禁不住气得浑身发抖。

　　殖民当局对人力车的管理非常严格，实行许可证制度，运营车辆要领取牌照，要在显著位置或指明的位置上打上车辆的登记号码。天黑时，必须点亮车灯。严格执行乘车价格，不得拒载，严禁运送货物、牲畜和传染病人，要保持车辆整洁。车夫们还要统一着装，上衣为蓝背心，黑边，白字。一百多辆黄包车、一百多个车夫，这清一色的装束，在小小的刘公岛上俨然成为一道"风景"。

　　刘公岛上当年有一百六十四辆黄包车，车夫的年龄大多都在二十至四十岁之间，也有靠五十的，最小的只有十三岁。因为车多，英国人规定车夫要排队，有专人挨个叫号。车夫每接上一个顾客，便端起车杆，甩开大步，撒丫子就跑。坐车的英国人催他们跑，他们便快跑，催他们快跑，他们便飞跑。而坐车的英国人其实并不十分着急赶路，他们有的是时间，但是车夫们自己却得抓紧，大家能多跑一趟就多挣一趟的钱，尤其大家都在奔下午 4 点。无论是舰上的还是岛上的英国人，都是每天下午 4 点下班，他们从舰艇上下来或从办公署走出来，车夫们的生意立马就掀起了高潮。

车夫们的报酬，一般一站地一角钱，三里路两角。对照当时的物价，白细布每匹六元，面粉（红日当天、五燕、蝠寿等牌）每袋一元三角。车夫们累死累活地辛苦一天也挣不到一袋面粉，顶多挣个温饱钱。

威海与刘公岛之间的"摆渡人"

开埠之后，刘公岛上除了英国海军高级军官及其家属乘坐"威平"号或"海进"号班轮出入岛外，绝大多数靠舢板摆渡进出刘公岛。这些小舢板，有的是向舰艇运送物资和生活用品的，有的是从舰艇上向岛内运送其官兵所需食用水的，也有的是向岛内岛外接送官兵的。

其时，威海卫和刘公岛码头有几百条舢板，可谓舢板云集，昼夜"服务"，随时摇渡，海面上载客载货的舢板往来穿梭，就像现在的出租车一样。舢板不仅成为威海卫陆地和刘公岛之间最主要的水上交通工具，也是威海湾里一道"别样的风景"。据郭岚生 1935 年的《烟台威海游记》记载，那时专事"自岛外至岛里"摆渡的舢板就有四百二十余只。《威海市区村庄大全》则记载，仅今经济区的沟北村，在威海湾摇舢板摆渡的就有一百多人。

1904 年，英国殖民当局还专门制定了有关强化摆渡舢板管理的法令，所有从事摆渡的舢板必须申请取得运营资格，发给执照，船头船尾刻上执照号码。每只舢板船夫不得超过两名，天气恶劣时可以有三名，乘客不能超过五名。搭载中国乘客的舢板必须在指定码头上下客，离港或回港必须向码头警局报告，提供舢板号码、船夫名字、乘客数量、目的地及出发和返回时间等信息。明确规定了载客载物的收费标准，不得收取高于规定的船费，也不得无理拒渡。据《英舰驶进刘公岛》记载，舢板按人头收费，威海市区与刘公岛摆渡每人单程计价两毛。

人数众多的"苦力"

自 1901 年开始，为了稳定远离英国本土海军官兵的军心，英国殖民政府投入巨资，在刘公岛建设了海军医院、住宅、别墅、酒店、舞厅、球场等生活和娱乐设施。据统计，刘公岛上现存英租时期建筑达四十一处，共有一百六十九栋，遍布全岛，占包含市区在内整个英租时期建筑的三分之二。然而，如此庞大的建设规模，整个刘公岛都成了工地，除了工程设计、监工等由英国人担任外，英国殖民政府采取就地雇用大量的威海百姓负责工程营造。在当年施工机械极其匮乏，整个工程几乎全靠人力的背景下，这些建筑"苦力"劳作的艰辛可窥一斑。

现存的英租时期的建筑具有浓郁的英伦建筑风格，但在墙体、结构、装饰以及附属房等具体建筑施工中，都是威海工匠的传统做法，块石砌体、苇箔屋面、草泥抹墙等，与本地建房的传统施工方法完全一样，可以说这些中

图 6　刘公岛上的建筑工人。摄于 20 世纪 30 年代

西融合的英式建筑是威海工匠汗水与智慧的结晶。

靠出卖苦力赚取温饱的威海百姓，遍布岛上各个角落。就连刘公岛监狱的犯人也从事苦力营生，除女囚和体弱有病的男囚外，一般都要进行重体力劳动，主要是筑路、筑墙、栽树、打石子、通下水道、清理并运送粪便等。

在缺乏机动车辆的条件下，当搬运工也是人数众多的一个行当，有拉地板车的，有扛袋的。他们主要是从码头把船运到岛内的煤炭、建材、面粉和各种油料等物资，拖、扛到各个仓储地。此外，还有一些挑夫，主要是为英国海军军官家属挑送燃料和食用水的。

形形色色的"打杂工"

海军在欧洲历来属于贵族军种，既讲究排场，更注重等级。随着英国军舰云集刘公岛，这些养尊处优的海军官兵们需要大量威海百姓伺候，这就催生出形形色色的"打杂工"，旧时称之为佣人。

威海方言中的"搜搜"就是缝补衣服的，"扣扣"则是炊事员，本地人还称之为"刷油锅"的，还有做小买卖等一类营生，都是随着舢板渡船才活跃起来的。这时的摆渡船叫"帮船"。

沿海四五十岁的妇女，也就是"搜搜"和"扣扣"们，早晨4点随船上英国军舰，到12点回来，竟能挣到六七块钱。还有随船进去卖小吃杂货的、卖手艺的，有办"派司"（一种"特许证"，由英舰上专门管证的人发放的）的，熙熙攘攘都涌上舰艇。

还有很多从事"摆台"的，就是给外国人摆放餐桌、安排座位、端饭送菜、伺候吃喝的差事。这差事古往今来都有，现在称为服务员，但那时的摆台既多又滥，既固定又流动，且完全是按英国人的规矩来操作。

英舰上开饭特别早，早晨5点起床后，先喝一种叫"朱古力"的饮品，厨房里煮一大桶，摆台的就给摆在餐桌上。8点吃早餐，10点半喝茶，到12点吃中餐，下午2点半再喝茶，下午4点，吃枕头状的面包，6点半吃晚餐。整天不干别的，光是吃喝，摆台的就够忙活的，一天到晚总在舰上转。摆台需要大量人手，一般舰上摆台的总有七八个到十来个人。至于岛上舞厅、饭馆、

图 7　刘公岛上的邮递员。摄于 20 世纪 20 年代

酒吧、茶肆里，伺候洋人吃喝的中国服务人员就更多了。

　　英国人尽管建设了为官兵服务的商业设施——西摩尔商业街，各种商号店铺林立，但是很多有点经营头脑的威海百姓还是不失时机地在岛上做点小买卖，主要卖些土特产，像鸡蛋、花生、水果等，英舰来时东西都挺好卖的，有的还乘坐小舢板直接运到军舰上，送货上门，既满足了英国海军官兵购物需求，又赚取了英镑，两全其美。

凤毛麟角的"高级白领"

在这形形色色的营生中，绝大多数是靠出卖苦力赚点血汗钱，但也有少数人凭借聪明学识和会办事而成为管理者，或者从事技术含量高的职业，相当于现在外企的"高级白领"。

"南比万"，英语里是第一的意思，英国人就把雇用的华人管理者称之为"南比万"，类似包工头。诸如摇舢板、摆台、收拾卫生、做小买卖，英国人似乎懒得去管这些事，他们只是尽可能地休闲和享受，于是采取"以华制华"策略，就雇用"南比万"来管理这些杂事。英国人很敬重这些"南比万"，在特定的场合，甚至连英军军官也要服从他们的管理。

当时刘公岛上统算起来大概有四五个"南比万"。铁码头的"南比万"

图 8　海军公所门前的商贩。摄于 20 世纪 20 年代

是威海西郊王家庄的王仁福，身材高大，能讲一口流利的英语，领着十五六人，为英国人的军舰服务。夏天军舰一来，舰上用米、面、肉、菜、蛋之类，他们就给装上小船，再吊到军舰上去。由于他们不确定哪艘军舰什么时候需要补充给养，所以他们就常住在岛上，基本不回家。伙计的工资每月十五元，而"南比万"每月十八元。

"南比万"不分大小，多是固定的，但也有临时的、流动的。英国人好游泳，就在海滩上搭了些席棚，供游泳者在那里换衣服，也雇个"南比万"在那里管着，人来开锁，人走上锁。

会计是刘公岛上令人羡慕的职业。岛上有一座会计长住宅，位于丁汝昌寓所院内西北角，是一栋独立的、带有英伦风格的平房。会计长住宅相当于岛上的财政部，也是当时的"会计之家"。会计长、主管会计等中高级管理人员都是英国人担任，而普通的会计业务，诸如计算、核算、报销和发放工资等业务，则是由雇用中国会计来做。

图 9　英商洋行的中国职员。摄于 20 世纪 20 年代

图 10　刘公岛基地一位姓邵的秘书同英舰机械官。摄于 1938 年

据记载，负责发放工资的中国会计的工作是每到月头，就把工资一一装进一个小木箱里，送到西边的岛上最高军事长官医官长那里，经医官长审核无误后，从医官长处往下发放，他们用算盘算账，用钢笔记账。工作时间是上午9点至11点，下午2点至4点，4点以后与英国人一样下班，工作十分舒适，待遇也很高。当时能给英国人当会计，只有水平高的、有点真才实学的账房先生，才有资格获得这个美差。

当年刘公岛上西部英国大医官办公室外左侧有个办事的房子，里面住着一个"贴写"，姓邵，人称"邵贴写"，管理收发文件，类似文书。大医官办公室东面有个电话局，里面雇了一个姓苗的威海人负责接电话，也就是电话员。

（图片由威海市档案局提供，原载《老照片》第134辑，2020年12月出版）

读图随想

——1920 年的济南及胶济铁路

白　峰

山东临淄云志艺术馆收藏的一宗老照片，系 1920 年日本出版的《山东风景大观》画册之原稿，画册虽称山东风物，但实际上主要就是介绍胶济铁路沿线的风物。照片中没出现特定人物，即便有人，也是风景的一部分，映衬着春和景明或熙熙攘攘。然而就在这一片安静、祥和的背后，却隐含着大时代的风起云涌。

我们需要往前推几年来说这件事。

1904 年初，按中国传统纪年方式还在腊月，仍是癸卯岁尾，清廷颁布了《奏定学堂章程》，故称"癸卯学制"，预备仿照日本学制开办新式学堂，但这年的 7 月，甲寅科仍如仪举行，这是历史上最后一届科考，我们耳熟能详的人物沈钧儒、谭延闿都是这一年的考生。那时候赴京赶考，很多考生还需要乘着马车或是雇人挑着书箱日夜兼程，路程远近各有不同，有的考生在路上就需数月之久。6 月 1 日，或许有的考生还在路上，而此时横贯山东的一条铁路修到了济南，由此，胶济铁路全线贯通。

同年，济南围绕着胶济铁路火车站划定区域，自开商埠，济南也由此开启了近代化的历程。

济南自开商埠，系袁世凯 1900 年出任山东巡抚时的动议，应该说很有格局和眼光。自开商埠的治权、法权、税权都为中国政府所有，而约开商埠则大不同。

商埠的规划、管理办法等诸多事宜，系 1902 年出任山东巡抚的周馥谋

图1　胶济铁路站房及候车室

定的，周馥来山东就是袁世凯力荐的，周馥参照的是上海租界工部局的一套管理办法，章程严整。中外客商来商埠经营没问题，要地也没问题，但是一切都要按照规划来建设，这大约是济南城市规划的端倪。胶济铁路站房（图1）前的这条路，东西走向，与铁道线平行，称为"大马路"（今称"经一路"），与之平行的路称为"二马路"（经二路）、"三马路"（经三路）……"十大马路"（经十路），由北向南渐次铺开。自东向西，南北的路称为"纬一路""纬二路"，直至"纬十二路"。其实，"马路"也是个新鲜玩意儿，是由英格兰人约翰·马卡丹创立的筑路方法，是用碎石铺路，路中偏高，两侧稍低，便于排水，路面平坦宽阔。后来，这种路便取其设计人的姓，取名为"马卡丹路"，引入中国后，俗称"马路"。应该说商埠引进的新东西不少。

　　商埠还仿照上海租界的模式，开辟了"商埠公园"（图2），这在当时还是个新鲜玩意儿，但看上去有些荒凉。盖因济南不是上海，去乡村未远。北关车站系济南站向东开出的第一站，为客、货运三等站。其实就在济南老城

图 2　商埠公园

图 3　北关风景

119

的北部边缘、大明湖北岸，当时称为"济南小北门车站"。再向东一个站点是黄台车站，黄台站主要负责装载小清河航运码头的货物，超负荷的部分就通过铁皮车分流到北关站来装卸。北关是当时济南的煤炭和木材集散地。

从图 3 可以看到，北关周边还是一片水田，其中的那座楼阁应当就是大明湖的北极阁，水门即在其侧，汇集众泉之水而成的大明湖水，由此泄出，汇入小清河。

1912 年津浦铁路通车，济南又成为重要的交通站点。曾经，南北物流主要依赖京杭大运河，鲁西南的济宁、鲁西北的临清为经济重镇。1855 年黄河在河南兰考北岸铜瓦厢决口，黄河夺大清河入海，形成今日黄河之格局，沿用上千年的京杭大运河自此断航。自 1901 年，漕运彻底废除，运河城市开始衰落。津浦铁路通车，铁路彻底取代了漕运，济南以胶济铁路深入齐鲁腹地，

图 4　津浦铁路站房，亦由德国设计师设计建造

据津浦铁路得南北交通之通衢，开始融入中国最强劲的经济圈。济南变得前所未有的耀目。

围绕着胶济铁路，近现代史上的诸多大事件也渐次展开。

胶济铁路始由德国人兴建，系 1897 年巨野教案的后果之一。德国强占了胶州湾，强迫清廷签订了《胶澳租借条约》，允许德国租借胶州湾、在山东享有修筑铁路和开采铁路沿线矿产等特权。山东遂成为德国的势力范围。

德国人也是过于自信，以欧洲殖民历史的经验，以为占了胶澳就是千秋万代，遂投巨资建设胶澳，一心要建成模范殖民地。德国人修建胶济铁路，自有他们利益上的考虑，德国驻上海领事说出了其中的奥妙："盖我铁路所至之处，即我占地之所及之处。"但此举也将现代工业文明深植于齐鲁大地。而不久之后，兴起于欧洲的民族国家、民族自决观念传遍了世界，世界的变化也将越来越快，一如他们引入的势不可挡的机车。

1920 年，在日本属于大正中期，大正时代与中华民国同始于 1912 年，与民国之北洋时期大致重合，大正时代结束于 1926 年，北洋政府终结于 1928 年。

当日本出版这本画册的时候，胶济铁路已经易手日本治下数年了，这是第一次世界大战中发生的事。得到国际社会认可，则是 1919 年"巴黎和会"的结果。

第一次世界大战爆发于 1914 年 7 月，即民国三年，系袁世凯当政时期。一战本身无正义可言，袁世凯精于算计，虽然他认为加入协约国，将来可能的损失最小而获益较大，但 1840 年以来中国在对外军事上屡屡失利所带来的严重后果，使得他做决定不得不慎之又慎。他很怕站错队，乃至怕站队，所以北洋政府最初宣布中立。

而日本此时的心态很不一样，明治维新以来，先是甲午战争打败了东方第一大国大清，后来日俄战争又战胜了欧洲第一大国俄国，已然跻身列强行列，也狠发了几把战争财，心气很足。加之日本觊觎胶澳日久，一战初起，即于 1914 年 8 月对德国宣战（一战全面爆发为 7 月 28 日）。9 月 2 日，日本出兵占领山东龙口，很快又占领了济南火车站，控制胶济铁路。11 月 7 日，日军在英军的支援下攻占了青岛。与此同时，日本海军也南下夺取德国在太平洋的殖民地马绍尔群岛、马里亚纳群岛、加罗林群岛。由于协约国多次要求日本派兵去欧洲参战，1917年3月，日本也派遣了三艘军舰前往印度洋和地中海，负责护航。

当初北洋军有两个师作为一战预备师，一个驻在青岛，一个驻在济南，瞄着的就是胶澳，但首鼠两端，让日本抢了先机。北洋政府进退失据，竟至于按兵不动，毫无作为。

欧洲主战场上，英法俄等协约国在战争初期还保持着乐观，对袁世凯迟迟不站边也未十分催促。第一次世界大战旷日持久，战事尚在胶着，1916年袁世凯却死了。战争打到1917年，协约国压力也很大了，主要是人力不足，所以一再催促中国参战。英法等协约国许诺了非常优厚的条件：一、民国政府收回天津和汉口德奥两国的租界，停止支付《辛丑条约》给德奥的赔款（总数高达九千多万两白银）；二、协约国成员的《辛丑条约》赔款，暂缓五年偿还，不要利息；三、英法与清朝签订的《南京条约》规定关税税率，允许上调；四、中国可在天津周围二十里内暂时驻军，以防范德奥侨民。这时候是段祺瑞以国务总理的身份执政了，欧洲的战局也渐趋明朗，他决定参战。中华民国遂于1917年8月14日对德奥宣战，但是也没派兵，前后大约招募了十数万华工奔赴法国，从事挖战壕、伤员救助等辅助工作。这些华工主要来自直隶、山东和江苏，有三万多华工死于欧洲战场，再也没能回到家乡。

日本深知中国参战对于山东问题的意义，因此强烈反对。于是，英法俄意分别与日本签订密约，约定在战后和会上，四国将会同意把青岛主权、胶济铁路、山东采矿权全部转让给日本，以此换取了日本同意中国参战。

1918年11月，一战结束，德奥战败。虽然民国政府获得了不菲的战争红利，但在巴黎和会上因为山东权益问题与英法等国发生了激烈争议，中国代表迫于国内压力拒绝在合约上签字。事实上顾维钧等人在外交上并非没有作为，在巴黎和会上废除了对德奥的庚子赔款后，又陆续通过与德奥单独签订条约，收回了德奥在中国的领事裁判权和租界，并且确定德国以现金和替代偿还债务的形式，共计赔偿了八千四百多万元的战争赔款。这是1840年以来，中国首次在对列强的战争中获得赔偿。

1919 年 1 月 18 日，巴黎和会召开。会前，日本提出中国参战就是"打酱油的"，并对中国的参会资格提出质疑。好在有美国支持，中国得以参加。2 月 25 日，在济南，几千人聚集在山东议会大楼前召开了一次公众大会，敦促将青岛和胶济铁路归还中国。

山东议会早期的议员大多是参与了辛亥革命的革命党，很多是同盟会成员，多有留学日本的经历。在第一届省议会的时候，国民党、进步党曾各自成立组织。进步党的"议员公寓"在金菊巷，国民党的"议员俱乐部"在县东巷。此时的山东议会已是第二届了，但是主导性人物仍不脱革命党的背景。革命党与北洋系本就不是一路人，议会力求代议制政府，不大听北洋政府招呼，与北洋政府所派督军、省长不太配合，此前抗拒过张怀芝，此时张树元任山东督军，张树元也曾试图将议会变成自己的工具，以免在用人、行政、财政、外交等方面处处受到掣肘。然而，议会仍不买账。张树元曾气得大骂："'鸟笼子'里没好人。"其实张树元算是晚清以来最好的一任山东督军了，后来因为同情山东父老，对济南的反日活动镇压不力而被免职。

图 5　山东省议会大楼（晚清"咨政会议堂"，民间称为"鸟笼子"），建于 1908 年

4月，巴黎和会正激烈争论的时候，山东议会给巴黎和会"四巨头"（英国首相劳合·乔治、意大利总理奥兰多、法国总理克里孟梭、美国总统威尔逊）发电报，电报中说：自从日本人占领青岛并接收德国的所有权利，我们国家就提出反对，我们并不承认日本所继承德国的权利。

4月20日，数万人在济南集会，抗议日本的要求。

4月30日，凡尔赛会议宣布德国在山东的权利将转交日本，5月2日，据《山东省志资料》载，约有三千人在济南示威，要求将青岛归还中国。

这期间，巴黎和会的消息渐次在全国各地发酵。

5月4日，北京学生游行，爆发五四运动。次日，济南再次爆发示威活动，5月7日，一千多人在山东省议会大楼前空地集会，举行抗议活动。

与北京的五四运动有所不同的是，北京的示威活动以学生为主体，而在济南则是商人、市民、工人、学生共同参与的，其中也包括省议会议员。

随后济南商家、市民和学生开展了抵制日货的运动。

日本执意要求青岛和胶济铁路的权益，主要依据是它手里握着的一份协定。这事就涉及了"西原借款"。

袁世凯对日本一直比较警惕，关系若即若离，日本大隈内阁曾以强硬态度向袁世凯提出《中日民四条约》，即"二十一条"，有一举鲸吞中国之意图，袁世凯自然不能答应。袁世凯处事狡猾，一拖再拖，就是不签，暗中将条约内容透露给媒体，激起国民的强烈反对，亦引发欧洲列强对日本的挤压。1916年6月袁世凯死，日本对华强硬派的大隈重信亦于10月辞职，继任首相寺内正毅鉴于前任之失败，改变了策略，采用了更为柔软的方式，即所谓"菊分根"政策，像菊花分根移植一样，将资本输入中国，大量借款给穷到发不出薪水的段祺瑞政府，以获取在中国的种种特权。段祺瑞政府是真穷，鲁迅日记里就记过教育部欠薪的情况，教育部职员为讨薪还闹过事。段祺瑞接手民国政府的时候，财政基本已经崩溃了。

一战起，西方诸国自顾不暇，中国和日本的工商业都获得了一个喘息的机会，中国的民族工商业在这个时期是一个大发展的时期；日本也借此机会增加了商品输出。其实日本这个时期虽然是有点钱了，但也还挺穷，1918年日本还发生过著名的"米骚动"，米价大幅上涨带来了社会动荡，波及日本四分之三的地区，参加人数上千万。为了资本积累日本当时也是无所不用其极，日本电影《望乡》中，阿崎婆被卖到南洋卖春，赚取外汇，大致就发生在这个时间段。

西原借款系由1917、1918年签署的八个独立的借款协议组成，总额一亿四千五百万日元，当时的日元币值不像今天这么低，一块中国银元大约汇兑一日元五角，这样算下来也是一笔巨款。其中第六笔借款直接涉及山东，名义是建设高密至徐州、济南至顺德（今河北邢台）的铁路。签订借款合同的前四天，日本外务大臣照会中国驻日公使章宗祥，要求中国同意日本驻兵济南、青岛，同意在经营和管理胶济铁路方面日本享有种种特权。实际上是以此作为高徐、济顺铁路借款的条件。段祺瑞政府为了取得借款，竟接受了日本的要求。同日，章宗祥在复照中，把日方照会所提要求照抄后，明确表示："中国政府对于日本政府上列之提议，欣然同意。"而这些情况当然不会对外公布，民众是不知情的。

1919年巴黎和会上，日本便以此为依据，拒不退还山东权益。

但1918年10月，段祺瑞和寺内政府都下台了。所以当1919年巴黎和会上日本重提山东权益时，山东议会坚持认为章宗祥的外交照会从未获得过国会的批准，因此不具备法律效力。

日本对胶济铁路不肯放手，实在是这里面利益很大。日本接收胶济铁路后，最初由日军经营，不久改由日本铁道院管辖，日本也全面接收了德国的产业，包括煤矿开采。

图6、图7基本可以反映出当时日本势力在济南迅速扩张的情况。

图7这所医院此前是德国人因胶济铁路需要，由德国天主教会开设的，日本接收后，更名为"青岛守备军民政部铁道部济南医院"，1917年开始建设照片中的这座建筑，并于当年年底落成，1918年开始面向市民服务，有一百个床位，算得上济南当时最大的现代医院。据资料，1922年时，日门诊量六百五十人次。1925年改由日本同仁会管理，更名为"同仁会济南医院"。同仁会原为日本医学界人士成立的民间医学团体，最初以普及先进的医学知识为目的，后为日本政府所用，成为半官方、半民间的机构。到1937年，

图6 日本驻济南总领事馆，落成于1918年

图7 日本在济南建立的医院，落成于1917年11月

此医院占地面积为十万平方米，有"日本在华第一文化事业"之称。此建筑现在仍在使用，即今日山东省立医院的"仁和楼"。

商埠区内出现了日本人开办的各式商业和服务业设施，在那几年中，日本人的涌入是商埠区急剧发展的主要原因。后来被授予"鲁菜大师"称号的佐藤孟江，她父亲就是这个时期来中国经商的日本商人，佐藤孟江1925年出生在济南，20世纪七八十年代，她在东京办过一家"济南宾馆"，专做鲁菜，生意火爆。

商埠的街市与老城区内的街市一看就不一样，老城街市虽然也热闹，但是陈旧而狭窄。济南建新城这件事挺有创意，新城旧城各不相扰，各有自己的商会组织，但是不敌对，各做各的生意，有些有实力的商家还在老城和商埠同时开店，各依其法。

1918年，驻青岛的日本民政署长秋山雅之介开始鼓励开设面向中国市场的轻工业企业，最初是在青岛开设了纱厂、火柴厂，后来逐渐蔓延至济南。

图8　济南商埠街景

127

图9　济南老城街景

济南的民族工业也开始发力投资办厂，1913年至1923年十年间济南开办有
十家面粉厂，其中有五家就是1920年开办的。照片所反映的20年代初，胶
济铁路运营总收入已是1913年德国人管理下的两倍，实际上还不止于此，
因为日本政府的货运以及博山煤矿的煤炭都是免费运输的，不在营收统计之
内。另外，胶济铁路还是逃避贸易厘金的途径。日本对中国矿产品、农副产品，
乃至工业品的需求还是很大。通过津浦铁路运送货物，要在几个关口缴纳厘
金，但日本商人将济南作为贸易中心，就可以依靠中国贸易商把货物运到济南，
通过胶济铁路运往青岛，则无需缴纳中国常关关税。

　　日本横滨正金银行发行的银圆券，在胶济铁路沿线可以自由流通，横滨
正金银行也成为胶济铁路货运的结算银行。

　　到1919年，日本人与中国官僚和大商人组建合资公司的情况变得非常
普遍，这中间也包括开矿。为了供应九州八幡制铁所，日本铁道院开始开采
淄博金岭镇的铁矿。

大明湖の風景

图 10　大明湖

　　五四运动和济南市民的一系列反日活动，对当时的局势还是起到了作用，中国代表拒绝在和约上签字，也是有国际影响的。此时日本的政局也发生了一些变化，首相和内阁都换人了，对华政策随之发生了一些改变。日本参加和会的代表团发表声明，声称将在某个合适的时间将胶州湾租借地归还中国，美国总统威尔逊也积极斡旋，从中调停。1919 年 8 月，威尔逊和日本外务大臣透露了一个非正式协定，日本将把胶州湾和胶济铁路归还给中国，但仍将接收德国之前所获得的其他经济利益。当时中国人普遍将威尔逊视为中国人民的朋友。在那个信奉丛林法则的时代，西方列强信奉"强权即公理"、崇尚武力解决问题，威尔逊确实持有不同的政治理念。他认为：第一，人性可以改造；第二，战争可以避免；第三，利益可以调和；第四，建立国际组织，保卫世界和平。1919 年的诺贝尔和平奖就颁发给了他。1962 年，美国历史学家对三十一位美国总统进行投票，威尔逊高居前四。不少美国人认为：威尔逊是使美国取得重大进步的具有远见卓识的伟人，足以与林肯比肩。

图 11　大明湖画舫

我们在照片中看到的是一个安静的济南，大明湖畔、荷塘和稻田，风光旖旎，商埠的街市上各色人等神情悠然。而实际上济南此时暗潮涌动。1920年，就是这本画册出版的这年，日本原敬政府提出要与中国政府就山东问题进行谈判，但是遭到了中国舆论界的普遍反对。4月，上海、济南都举行了示威活动，济南的示威活动声称，除非推迟谈判，不然就要组织学生罢课，再次开展抵制日货的行动并拒绝缴税。北洋政府迫于压力只好作罢。1921年日本重提谈判，但人们普遍认为当国者过于亲日，不会有好结果，山东籍的国务总理靳云鹏也只好拒绝。但是到了年底，舆情对于即将召开的华盛顿裁军会议将山东问题作为会议一部分进行讨论，却表示了认可。临近谈判日，济南再次发生了示威活动，以对谈判施加压力。

华盛顿会议就三个重要问题达成协议：一、胶澳租借地归还中国；二、胶济铁路由中国赎回；三、对德国在坊子、淄川、金岭镇所有矿产的处置。

会谈之初，日本同意放弃对包括青岛在内整个胶澳租借地的行政控制，同意无条件移交德国人留在青岛的一切设施，但对日本政府投资予以改善的那部分设施，日本坚持要中国作价赎回。

铁路问题最为棘手。中国人原希望赎回铁路，但无论是政府还是民间，都很难筹到足够的资金。经过数轮谈判，1922年12月，中日在北京签署了一大批条约，中国最终以十五年期的四千万日元的中国国债赎回胶济铁路，利率百分之六，这笔国债以胶济铁路的收入做担保，日本保留了车务长和会计长各一个职务。

看上去，胶济铁路的事至此可以做个了结，但事实上却非如此。

由胶济铁路收入所做的这个担保，后来又引发了一个重大事件，当北伐军1928年打到济南的时候，冲突又一次爆发，发生了济南五三惨案。济南事件最严重的后果并不是这场战事本身，而是日本军队开创了不经政府批准就擅自开战的先例，此后的九一八事变、七七事变，皆从其例。

（图片由云志艺术馆提供，原载《老照片》第150辑，2023年8月出版）

光社百年忆外公

——外公镜头里的老北京

文　娟　田卫平

外公姓王，名季点，号琴希，1879 年出生，1966 年病逝于北京。他是化学家，曾任教京师大学堂（北京大学前身）；是企业家，创办过火柴、饮料、酿酒等多家公司；还是中国早期摄影家，是中国第一个摄影家团体"北京光社"的第一批重要成员。他在一百年前用镜头为国人留下了老北京的珍贵影像。今年是光社百年诞辰，在此回顾外公独特的人生经历和摄影生涯，以示纪念。

姑苏才子北京客

外公一生简朴，常穿一身布料长衫，新中国成立后依然故我，直至 20 世纪 60 年代。图 1 这张仅有的西服照，是他 20 世纪 30 年代初为马珏当婚礼介绍人时拍的。马珏是北京大学教授马裕藻的女儿，因父亲关系与鲁迅成忘年交，《鲁迅日记》《两地书》中有多处记载。外公留学日本时与马裕藻相识，是多年老友。新郎叫杨观保，他的侄子后来就是北大英语系著名教授杨周翰。杨观保父亲是外公的苏州同乡，两家曾在北京合买了一所前后两进的四合院，外公居前院，杨家住后院。杨母认我母亲为干女儿，我母亲因此称杨观保、马珏夫妇为四哥、四嫂。母亲说，马珏的大哥与杨观保是同学，马杨二人由此相识多年，是自由恋爱结婚。但按当时习俗，认为由长辈介绍的婚姻更显庄重，于是马裕藻特别邀请与马杨两家都熟识的外公当马珏婚礼上的介绍人。外公为此特意置办了一身西式礼服，还专门拍照留念，母亲说这是外公唯一的西装照。

图 1　外公着西服照片

　　外公出身苏州世家。十四世祖是明代宰相王鏊。父亲王颂蔚是清光绪年间进士，蔡元培的恩师，晚清著名学者，曾任户部主事、军机处章京。母亲王谢长达创办了苏州著名的振华女校，该校现为省重点中学苏州十中。振华女校培养出众多人才，其中包括杨绛、费孝通等著名作家、学者。20世纪50年代初，外公参加社会活动，受到周恩来总理接见，谈话中周总理还特别提到知晓外公的母亲王谢长达的事迹。

　　外公自幼热爱化学，小时曾刮墙皮取硝不慎烧坏衣服。1900年考取官费留学日本，毕业于日本东京高等工业学校（东京工业大学前身）应用化学专业。1900年12月，外公在国人自办的第一份自然科学期刊《亚泉杂志》发表了译文《昨年化学界》，及时向国人介绍了居里夫人发现钋和镭，精确报道了它们的性质和特点，是这两种放射性元素在中国的最早报道。外公回国后，1906年参加归国留学生考试后被赐举人身份（考试成绩分进士、举人、拔贡三等），被分配至京师大学堂任格致科提调（相当于今天大学下属理学院院长）。

外公喜欢北方干燥不潮湿阴冷的天气，此后就一直生活在北京。民国后，他先后任农工商部主事、度量衡局委员、北平工业试验所技正（即工程师）兼代所长等职，是中华化学工业会发起人之一，同时也曾在北京大学兼课。为实现"实业救国"的理想，外公后来辞去公职，在北京、天津、安东（今丹东）等地先后创办过火柴、饮料、酿酒等公司。在战乱年代，不断历经盈利与亏损的循环，艰难发展。全面抗战期间外公困居北平，坚决拒绝与日伪合作，并叮嘱两个女儿择偶时绝不可选择与日伪有往来的人。抗战胜利后，国民政府推行金圆券，让外公资产大幅缩水，至新中国成立前夕除其他一些资产外，尚在北京城里拥有上百处房产。新中国成立后，1956年社会主义工商业改造，外公参加了公私合营，仅留一处四合院自住，到60年代中期该院子也被收归公有。21世纪初，政府开始提倡鼓励私人买房，母亲一再说："我爸爸那么多房子都没了，我才不买呢！"

外公几十年来只老实本分地做生意，政治历史清白，尽管他仅为交通银行的普通股东，却被政府聘为交通银行私方监察，直至去世。外公一生节俭，衣着朴素，饮食简单，不烟不酒，不喜应酬。晚年钟情词学，加入秕园诗社，诗作收入《秕园吟集甲稿》（1955年），又有词学著作两种问世：《宋词上去声字与剧曲关系及四声考证》，收录于中华书局1963年出版的《文史》第2辑；《词学规范撷要》一书自印后分送亲友，得到著名语言学家陆志韦、丁声树等先生好评。今日网上仍流传着外公的词作《八声甘州·题东海劳歌》。外公晚年常独自乘公交车赴香山、八大处游览，这首词应是游览后有感而发的登临之作。词后自注"时年八十又三"，应写于1962年。全词如下：

爱登临、送目畅襟怀，浪游遍西山。
纵华巅携杖，西湖放棹，劳顶难攀。
客梦疑临九水，潮响靛缸湾。
松竹流泉外，瀑间林峦。

上下清宫小憩，见长春羽士，题咏屏颜。

更留仙香玉，谈笑耐冬边。

陟高峰、欣观海景，忽怒潮、冲到破酣眠。

揩双眼，对孤灯畔，梦影空残。

一生最爱是摄影

摄影是外公一生最大的业余爱好。小时候听母亲说过，他是北京光社成员，成年后从有关论著也看到他当年参加光社活动的记述。

"1919 年，北京大学的摄影爱好者，由黄振玉（黄坚）和陈万里倡议，在校内举办了第一次摄影作品展览。以后每年举办一次展览，到 1923 年冬，大家觉得有发起组织一个团体的必要，于是由陈万里、吴郁周、吴辑熙等在一起商议，订立简章、征收会费、订阅摄影书报，正式成立摄影组织，定名为艺术写真研究会，这就是我国第一个摄影艺术团体——光社的前身。当时会员只有黄振玉、陈万里、钱景华、吴郁周、汪孟舒、王琴希、吴辑熙等七八人。……会员都是在北京大学任职的……后来，由于多数人觉得这个会名太长，于是决定改名光社，对外称北京光社。"（马运增、陈申、胡志川、钱章表、彭永祥编著：《中国摄影史 1840—1937》，中国摄影出版社 1987 年版）书中的"王琴希"就是外公，他是光社最早的几名成员之一。

《光社纪事：中国摄影史述实》把外公作为光社重要成员，多次提及："据汪孟舒《北京光社小记》认为，光社的缘起应追溯到民国七年（1918）前后，在北京学界中有王茧庐、张子静、徐燕庭及钱景华、王琴希、吴郁周、汪孟舒几人，他们一起互相交流技艺，利用业余时间，结伴到北京城内外的园林名胜拍照，因此有了组织一个'照相同志会'的想法。"还说"在北京大学师生中，吴匡时、俞同奎、王季烈、王季点精于照相是出名的"。（陈申：《光社纪事：中国摄影史述实》，中国民族摄影艺术出版社 2017 年版）文中"王季烈、王季点"即外公的大哥和外公。

外公大哥王季烈是光绪甲辰（1904）科进士，曾官学部郎中，是著名国学家、曲学家；还是科学著作翻译家，主持编译了中国第一部以《物理学》

图2　北京光社影展部分社员合影。前排左三王琴希，右二为刘半农

命名的具有大学水平的教科书，编著了中国第一本中学《物理》课本，首创将"格致"改为中国古已有之且日本已用的词语——"物理"，自此沿用至今。从文章内容来看，外公兄弟二人同时参加了光社的摄影活动。

　　光社多次在中山公园举办摄影作品展览会，很受欢迎，每次参观者均达万余人，而当时京城常住人口数量才不到一百八十万。《光社纪事：中国摄影史述实》上有张光社成员的合影（图2），注明是1927年10月8日第四次北京光社影展部分社员合影。其中外公穿浅色长衫，位置在前排居中，跟左侧同居前排的刘半农隔了一个人。或许因外公是京师大学堂的前辈，被合影者们尊让居于中心位。

　　"1927至1928年是光社的全盛时期，由于南京政府的成立和南北统一，光社的一些主要活动分子如陈万里、黄振玉等南下宁沪，留在北京的部分社员也忙于'正业'，无暇兼顾'业余'，社务活动逐渐减少直至停顿。"（《中国摄影史1840—1937》）光社前后大约活跃了十年，30年代中期随着时局日艰而渐沉寂，至1937年全面抗战爆发后自动消散。北京光社作为首个摄影团体，极大推动了我国摄影艺术的发展。光社时期尤其是光社全盛时期，大概是外公摄影的高峰时期。

光社先后出版过两集《北京光社年鉴》，这是中国最早的摄影年鉴，其中收录了外公多幅摄影作品和摄影技术论文。出版于 1928 年的第 1 集《北京光社年鉴》(1927 年作品)，目录中他排名第一，共有四幅作品被收录：《桃园春夜》《横行一世》《冒枝求食》《举网》。

夜景拍摄非常不易，加之九十多年前的摄影器材十分简陋，不能自动对焦，没有感光自动平衡，更不能后期修图处理，全凭个人的经验，手动调节光圈、聚焦，自我设定曝光时间等，特别考验摄影者的技术水平。《桃园春夜》中光源从左侧照进小院，主题桃树的影子被斜印在窗户上，反衬出黑夜的深沉。夜色中的景物拍摄得非常清晰，且富诗情画意：月光如水，朗照小院；一树

图 3 《北京光社年鉴》里的《桃园春夜》

图4 《罥枝求食》

桃花，灼灼其华，于墨色的夜幕下热烈燃烧，暖暖的春意扑面而来。这幅作品表现出了外公深厚的摄影功力。

《罥枝求食》原作一直藏在家中，动乱时期被抄家后，照片边缘及硬纸板衬纸损毁严重。上初中时的笔者年幼无知，认为破损处有碍观瞻，便把照片边缘裁剪掉了，如今我们能够见到的就是图4这个样子。当年的无知和鲁莽，简直暴殄了天物，如今追悔莫及。

罥，既指捕鸟兽的网，又指缠绕、悬挂。《罥枝求食》中的"罥"，主要是第二种用法，又隐含了第一种意思，外公用这个标题表示蜘蛛在树枝上结网以捕食猎物。照片中阳光下的蛛网晶莹剔透，根根细丝清晰光亮，非常漂亮。作品将蛛网周围草木虚化，突出了画面中心的蜘蛛，鲜明而唯美地表现出蜘蛛"罥枝求食"的自然现象。

外公不仅创作了大量摄影佳作，还对摄影技术进行过深入研究并有学术论文问世。出版于 1929 年的《北京光社年鉴》第 2 集（1928 年作品）刊登了两篇讨论摄影技术的长篇论文，一篇是刘半农的《没光棚的人像摄影（半农谈影之余）》，另一篇是社员王琴希的《摄影用干片速度之变迁及其与显影液关系之研究》。外公这篇文章"后来由商务印书馆单独出版"（《光社纪事：中国摄影史述实》），成为中国摄影技术研究的奠基作之一。

外公照片都是自摄自洗自印，家里有十几台相机及相片洗印设备。1966 年 5 月，外公去世，遗物中有许多老照片，尤其是许多已成像的玻璃底片。玻璃底片是胶片出现以前的摄影材料。不久"文化大革命"开始，红卫兵"破四旧"抄家，照片、摄影器材等多数被毁被抄。只有那些玻璃底片放在木箱里，遗弃在屋檐之下，任凭风吹日晒雨淋，底片黏连成坨，最后只好扔掉。当时家人朝不保夕，惶惶不可终日，哪还顾得上这些？今日想起，扼腕叹息！

留得光影在人间

20 世纪 70 年代末，我在整理家中旧物时，发现了少量外公的摄影作品。从照片中的景物及服饰判断，应该主要是 20 世纪 20 年代，即光社最活跃时期所摄。这些残存作品多表现老北京的风光与生活，大致可分四类：

一、老北京城墙风貌

老北京城墙始建于明代永乐年间，在清代及民国后一直沿用，至 20 世纪 60 年代初仍大体保留。60 年代末 70 年代初，经历了挖城砖盖防空洞和修建地铁二号线，北京古老的城墙才不复存在。

图 5 画面是伟岸的箭楼、瓮城城墙、城外护城河以及河上的渡船，看画面右侧远处的水塔，可以确定这是北京东直门。据北京自来水集团有限公司资料介绍：1908 年 4 月，清政府成立了"京师自来水股份有限公司"，开始筹建京城第一座水厂——东直门水厂。1910 年 1 月，水厂工程全部完工，同年 3 月正式投入生产。东直门水厂水塔是京城首座自来水水塔，由德国设计师设计，塔高 54 米、容积 750 立方米。该建筑属钢结构水塔，塔身下面有一个非常坚固的粉红色花岗石高台，可惜 1957 年被拆除了。

图 5　东直门箭楼、瓮城及护城河

图 6　护城河风光

图 7　夏日的护城河

　　图 6 是某处城墙外护城河的风景。护城河沿着绵延的城墙伸向远方，河对岸停泊渡船处有行人、绿树和村庄，河上有人在用罾网捕鱼，河边有卖花者捞河水给花"美容"，构成一幅鲜活的生活画卷。外公的风光照在构图上似借鉴了中国山水画，喜欢用人物点缀在风景之间，画面生动好看，又有人文气息。

　　图 7 中的夏季护城河波光旖旎，白鸭成群，河边有光屁股的小孩，河里有正捞鸭子的放鸭人，对岸有一身着白衫的疾行的路人，远处耸立着巍峨的城楼……整幅作品动静结合，音画交响，生机盎然。

　　图 8 完整记录了由箭楼、瓮城和城门楼构成的北京城门建筑形制。目前只有前门为便利交通拆除了瓮城，仍保留了箭楼和城门楼。拍摄时逢冬季，护城河几近干涸且结冰，与夏日对比又是另一番景象。

　　二、老北京公园风景

　　下面照片里的这些北京公园，是今天游人来京观光必要"打卡"的地方，公园里楼台亭阁伫立依旧，但百年之前却是另一种苍凉意境。

　　图 9 是北海公园的标志性建筑永安桥和琼华岛白塔。北海在辽金元时期

图 8 冬日的箭楼和瓮城

是皇家离宫,明清两代为帝王御苑,1925 年开放为公园。北海公园因为长期没有精心修缮管理,湖边的土堤岸没有围栏,杂草繁茂疯长,颇有些狂野气息。现在,北海湖边已有条石砌成的规整堤岸与汉白玉围栏,而白塔边的旗杆也已不复存在。

图 10 是在颐和园昆明湖东岸远望万寿山及佛香阁。颐和园位于北京西北郊,原名清漪园,是乾隆皇帝为其母祝寿而修的皇家园林。该园曾被英法联军焚毁,后得到重修,并于 1888 年更名为"颐和园",1928 年正式辟为公园开放,外公照片可能就摄制于这一年。从照片可见,当年颐和园昆明湖东岸,野草丛生,乱石嶙峋,渔人垂钓,野趣横生,与今天的景象完全不同。

玉泉山位于颐和园西侧,辽金以来历代帝王都在山上修建行宫消夏避暑,山顶精致的宝塔是京西著名的地标建筑。玉泉山泉水清澈充沛,千年来灌溉着山脚肥沃的土地,自康乾以来这里成为京西稻的重要产地。图 11 中的风景应该是在玉泉山南麓拍摄。画面中湖边散落着横七竖八的大石块,大片的湖水一直延伸至玉泉山脚下,远处古木稀疏,山巅上耸立着高高的宝塔。照

图 9　北海公园

图 10　颐和园

图 11　玉泉山远眺

片左侧近处是一肩扛铁锨的农夫，从他的衣着看应是冬季，他身后不远处矗立着一座残破的石头牌坊。这些形象叠加融会出一种苍凉意境，而玉泉山京郊农村特有的风味也随之跃然纸上。如今此地已是设施完善、风景优美的北坞公园，只是那座石头牌坊不见了踪影。

图 12 是明十三陵神路。明十三陵是明朝迁都北京后的皇帝陵寝，通往陵寝的道路叫神路。通过外公的镜头，我们知道了神路曾经乱石满地，如此荒凉。20 世纪五六十年代，神路修成了柏油路，各种车辆川流不息。再后来十三陵申报世界文化遗产，神路禁止车辆行驶，周围广植草木，成为游览景区，游人需购票参观。

三、政治变迁中的紫禁城

紫禁城是明清皇家宫殿。辛亥革命后，紫禁城被一分为二，以乾清门广场为界，前朝三大殿（太和殿、中和殿、保和殿）和文华、武英等殿宇归民国政府所有；内廷部分的后三宫和东西六宫等处为逊帝溥仪留用。后政府接

图 12　明十三陵神路

受建议将收归国有的部分改建为博物馆。1914 年古物陈列所在紫禁城中成立，对外开放参观。1924 年溥仪被逐出紫禁城，第二年故宫博物院成立。"为庆祝博物院的成立，将已定为一元的参观门票减为五角，优待参观两天，开放御花园、后三宫、西六宫、养心殿、寿安宫、文渊阁、乐寿堂等处，增辟古物、图书、文献等陈列室任人参观。"（傅连仲：《古物陈列所与故宫博物院》，《中国文化遗产》2005 年第 4 期）外公的一系列紫禁城的照片，大概是故宫博物院成立时前去参观所摄。

　　天安门原是紫禁城的大门，是封建皇权的象征。新中国成立后，天安门成为国家的象征，并被国徽采用。这幅外公摄于 20 世纪 20 年代的天安门（图 13），记录了推翻帝制约十年后该建筑的残败景象。

　　图 13 中的天安门城楼，金黄色琉璃瓦楼顶污秽不堪，彩绘斗拱和朱红立柱色泽暗淡，城墙立面红漆斑驳。华表旁耸立着树木的地方，是现在国庆观礼台的位置。城楼前有条宽阔的汉白玉甬道横穿长安街，金水桥头有个低矮的岗亭和一根孤零零的细高路灯杆。

　　图 14 是北洋时期的紫禁城太和门前，五色旗高悬，三三两两的军人走来走去，像是正在举行什么活动。

　　太和殿是紫禁城正殿，在明清时期是皇帝举行登基大典等重大国事的地

图 13　20 世纪 20 年代的天安门

方。图 15 太和殿正中高悬两面北洋时期的国旗五色旗，殿前广场空旷静寂，仅见一成人牵着一孩童走过。

图 16 是紫禁城内某宫殿，内部被布置成了西式会客厅，摆了沙发、痰盂和绿植。

图 17 中的中南海新华门大约拍摄于 1928 年。袁世凯当上中华民国大总统后，将中南海作为总统府，把中南海的宝月楼改建成出入的正门，并更名为新华门。此后中南海又先后被用作北洋政府的总统和总理办公地以及张作霖的帅府。1928 年国民党军队开始二次北伐，6 月进入北京，国民政府改北京为北平，划为特别市。北京城从此结束了北洋政府统治的历史，也结束了作为中华民国首都的历史，国旗也由北洋政府的红黄蓝白黑五色旗改为国民政府的青天白日满地红旗。图 17 记录了当时北平百姓好奇地趴在墙栏上，观看悬挂在新华门上的新旗帜。左侧是青天白日满地红旗，右侧为武昌起义的铁血十八星旗。1929 年，中南海作为公园向公众开放，新华门前的这堵墙也被拆除。

四、老北京居家生活场景

这一部分虽然只是自家妻儿平淡活动的留影，却可从中窥见当年老北

图 14　紫禁城太和门

图 15　紫禁城太和殿

图 16 被重新布置的宫殿内景

图 17 中南海新华门前

京市井生活的一角。根据母亲、姨妈、舅舅的年龄推断，拍摄时间应不晚于
1927年。

　　图18摄于外公购置于北京宣武门外上斜街的小院，时间是1916年，外婆
抱着未满周岁的我母亲。外婆白衫黑裙，裙脚露出一只鞋尖和一角白袜，手中
抱着一身白衣的母亲，画面色彩搭配和谐而又灵动变化，人物造型生动美观。

　　母亲说过，这是她年满周岁的时候，外公为她和外婆拍下的纪念照。照
片中的外婆温婉俏丽，母亲活泼可爱。母亲生于1915年11月，从照片中可
以看到当时流行的服饰及家具样式。

　　图19吃西瓜的是母亲与二姨（生于1919年）。母亲中立，二姨右侧略低，

图18　外婆与未满周岁的母亲

图 19 夏日吃瓜解暑

图 20 放炮仗的二姨

图 21　品茶的舅舅（生于 1924 年）

左侧半个插着小瓷勺的西瓜，三者形成稳定的三角构图。窗外阳光从左侧照进屋里构成侧光，使照片形象明暗分明，形状清晰，层次丰富。虽只是日常生活小景，却见外公精湛的摄影技巧。

以前北京的四合院里都有宽敞的庭院供孩子们玩耍，供大人们夏日乘凉。外公在这儿摄取了幼年的舅舅仿佛大人般在品茗（图 21），性格活泼开朗的二姨放炮仗（图 20）、吹泡泡（图 22）等有趣瞬间。

外公的这些照片真实生动，让今天的人们可以直观地了解到一百年前北京人的生活情状。

小时候，年幼无知，只把外公看作过时的老派人物。今日回顾他老人家当年遗迹，方才领悟他当年也曾是新青年，是新文化运动中的一分子。他办

图 22　吹肥皂泡的二姨

实业，搞摄影，可以说是代表了当时先进的生产力和先进的文化。一百年前，外公用手中的相机忠实记录了老北京的风貌民情，创作了独具中国审美趣味与浓厚人文气质的摄影作品，他的光影佳构将会永驻人间！

（原载《老照片》第 150 辑，2023 年 8 月出版）

美在其中

——民国摄影师嘉华露其人其作

王一飞

嘉华露其人

最初接触摄影师嘉华露（Arthur Alfred de Carvalho，1890—1969）是他的另一个名字——"谈卡法卢"，来自其作品上的一枚朱文名章。彼时对这位摄影师还一无所知，但是他的作品又极具艺术性且制作精良，令人印象深刻又充满好奇。幸而，在检索诸多民国史料后，我终于得以大致勾勒出这位民国摄影师的人生轨迹——其中最重要的，便是他更为人熟知的汉译名"嘉华露"。

1890 年，嘉华露出生于香港的一个葡萄牙裔家庭中。他的祖辈于 1842 年自澳门移居香港，家中条件优渥，是彼时香港葡裔社群中的杰出代表。祖父雅努阿里奥·德·卡瓦略（Januario Antonio de Carvalho，1830—1900）与父亲埃德蒙多·德·卡瓦略（Edmundo Arthur de Carvalho，生于 1860 年）都曾出任香港地区司库总出纳（The Chief Cashier of the Colonial Treasurer of Hong Kong），而嘉华露的叔叔卡洛斯·德·卡瓦略（Carlos Francisco de Carvalho，1867—1925）则曾出任上海汇丰银行总经理，这或许是他此后赴上海立足的原因之一。

嘉华露后来赴美国求学，并于 1914 年从加州大学伯克利分校口腔医学院毕业。然后他回到香港，注册成为一名牙科医师。20 世纪 20 年代初，嘉华露又来到上海，在外滩 12 号的汇丰银行大楼开设牙科诊所，而此时他的叔叔卡洛斯正在汇丰银行总经理任上。优渥的家境与良好的教育都对他的摄

图1 《赌徒》，刊登于《大陆报》（1931年11月6日）

影创作有极大助益，嘉华露就此在沪行医，业余则以摄影为遣。他还在诊所内展出自己的摄影作品，使得诊所也逐渐兼具了"画廊"的功用。而随着嘉华露的摄影创作渐入佳境，他在上海艺术圈中也越发活跃。

嘉华露的摄影创作

20世纪二三十年代的上海，工商业蓬勃发展，为艺术创作的繁荣提供了条件。诸多有钱有闲的中产阶级像嘉华露一样，在业余时间尝试艺术创作，同时热衷于将自己的作品发表或展览。各类艺术团体也应运而生，如中华摄影学社、黑白影社等著名的民国上海摄影团体都成立于这一时期。

1928年，嘉华露参与创建了一个新的艺术团体——上海艺术俱乐部（Shanghai Art Club）。它定址于上海福煦路（Avenue Foch，今延安中路）290号，与当时大量兴起的艺术团体一样，上海艺术俱乐部旨在增进艺术家之间以及

图 2　《僧侣》，曾参加第二十七届国际摄影艺术展

图 3　嘉华露的纪实作品，似有意突出前景独轮车夫与后面叉腰站立人物间的对比

图 4　嘉华露拍摄的人像作品，人物动态及表情的精准捕捉使画面极富感染力

图 5　嘉华露拍摄的福船，左下方为其亲笔签名，右下方为其"谈卡法卢"名章

各艺术门类之间的交流与合作，并通过展览将艺术家的作品和理念推介给普罗大众。

上海艺术俱乐部成立后，嘉华露的摄影作品经常在俱乐部的展览中展出，并屡获好评，逐渐成为俱乐部摄影领域的中坚力量。而上海艺术俱乐部本身作为一个开放的国际化艺术团体，其会员来自世界各地，当然也包括中国艺术家。从其第一次展览开始，就不断有中国本土的艺术家活跃其中。在1931年11月的上海艺术俱乐部第八次展览时，音乐分部就邀请了京剧大师梅兰芳参加展览演出，此外六名国立杭州艺专的画家也参加了这次展览，其中包括时任国立杭州艺专校长的林风眠。

此时的上海也是不同艺术理念的交会之处——当中国的艺术摄影群体以民族主义的立场向中国传统绘画中探寻摄影的画意之美时，美国现代主义摄影代表人物爱德华·韦斯顿的作品出现在了上海的外文报纸上。这种氛围似

图6　嘉华露拍摄的北平风光，逆光下云朵、城墙、角楼与驼队轮廓明晰，并通过暗房放大时的曝光调整，使画面光影别具一格

乎影响了嘉华露的摄影创作——我们既能从他的人像、静物作品中看到真实、自然的现代主义倾向，也能从他的风光作品中察觉到富有东方气息的恬静画意。

将镜头面向普通民众，抓拍他们的日常生活，或许是嘉华露作品中的最大特点。"人物研究"（Character Study）一词也经常出现在关于嘉华露作品的评论中，他的镜头中有凝神忘我的赌徒，有肃穆参拜的僧侣，有辛勤洗衣的妇人，有弓背前行的车夫，也有面对镜头羞涩开怀的阿妈——嘉华露的人像作品中总是流露出一种源自真实的亲切感。

此外，嘉华露还对中国的传统船只情有独钟，尤其是形制独特、涂装别致的福船更是其镜头中的主角。想是其中也不乏得意之作，邝富灼在《美在其中》序中所言之"闻博士所摄之中国船只，曾于平汉等处获得奖金数次"，可为一证。嘉华露的摄影作品还曾在柯达国际摄影比赛中获得江苏省一等奖及全国二等奖。1932 年，嘉华露的四幅作品又入选在巴黎举办的第 27 届国际摄影艺术展（27e Salon Internationl D'Art Photographique）。

个人摄影展

自 20 世纪 30 年代开始，声名渐显的嘉华露开始举办个人摄影作品展，而我们目前所见的多数其原作遗存，或许都与这些展览有关——它们使用优质的矮克发（Agfa）相纸放大，尺寸在 16 英寸 ×20 英寸左右，相纸边缘勾以黑边，左下或右下有作者亲笔签名，作品装裱于卡纸之上，卡纸上偶见"谈卡法卢"字样朱文名章，部分卡纸背面贴有标签——这样的制作水准不仅高于同时期绝大多数的中国摄影艺术家，与以出版画册闻名的民国上海外国摄影师唐纳德·曼尼（Donald Mennie，1876—1944）更可谓两个极端。

1932 年 12 月初，嘉华露在上海基督教青年会总会（今西藏南路 123 号）举办了个人摄影作品展，并印制了一本名为《美在其中》的展览画册。从画册及当时的媒体报道等信息中，我们可以对展览的规模及嘉华露的影响力窥见一斑。

《大陆报》（The China Press）先是在 1932 年 11 月 28 日以"吴市长将

图 7　嘉华露拍摄的石桥

为嘉华露摄影展揭幕"为题进行了预告，指出时任上海市长吴铁城将出席开幕式，上海基督教青年总会主席邝富灼主持开幕式，并提到展出作品多达二百五十余件。12 月 10 日的展览报道中又提到开幕当日，时任中央研究院院长的蔡元培作了"美育代替宗教"的主题讲座。而展览画册《美在其中》的题名也出自蔡元培之手。两篇序言则分别来自邝富灼和时任北京大学文学院院长胡适——邝富灼称其作品"近于人情而且自然"，胡适则说"嘉华露君此册不但可助我们了解自己，又可助世人了解我们"。当然，此画册中一半页面的广告，或许也是其影响力的另一种体现吧。

此外，嘉华露的拍摄、展览足迹也不仅限于上海及周边，1932 年 8 月他还在北平做过一次展览，而到 1935 年 4 月，嘉华露在上海华懋饭店（今和平饭店）举办个展时，他的作品范围已经扩展至遥远的巴厘岛和满洲里了。

图 8　嘉华露拍摄的中国塑像，强烈的光影凸显出塑像优美的面部神态，活灵活现

避战与晚年

　　20 世纪 30 年代末的中国，战火纷至，上海更是首当其冲。为了躲避战乱，嘉华露于 1940 年偕家人移居美国，1969 年逝世于加州奥克兰，享年七十九岁。曾与他在上海共同进行摄影创作的女儿弗吉尼亚（Virginia de Carvalho），进入《旧金山纪事报》工作，成为该报的首位女摄影记者。

　　嘉华露留存至今的摄影原作，无论从创作还是制作的层面衡量，都称得上是民国摄影的上乘之作。所以近年来，即便是在对他知之甚少的情况下，

161

图 9　街市上盘发髻的中国女性

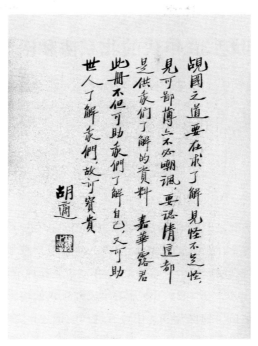

图 10　胡适所写的序言

不少收藏机构也十分重视嘉华露这一时期的摄影创作。如美国南加州大学图书馆藏有三十多件嘉华露 20 世纪 30 年代的摄影作品。2014 年澳大利亚国立美术馆在筹备"东方花园——19 世纪 50 年代至 20 世纪 40 年代的印度尼西亚摄影"（Garden of the East: Photography in Indonesia 1850s-1940s）展览时，也购藏并展出了多幅嘉华露的摄影作品，并评价这批作品"极大地增强了其'亚太画意摄影'收藏的实力"。

　　毋庸置疑，嘉华露留下的作品为我们研究民国艺术摄影的发展提供了一个极具价值的参照。但关于嘉华露，关于他的摄影创作，以及他与当时中国文化界的交流等更多细节，仍有待深入研究。

　　（云志艺术馆提供图片，原载《老照片》第 135 辑，2021 年 2 月出版）

20世纪30年代的北京协和医学院

锐　明

　　北京协和医学院是由美国洛克菲勒基金会出资，在原英美几家教会合办的协和医学堂的基础上筹建的，肇始于1916年。包括教学医院（即北京协和医院）在内的医学院新校舍，乃是1917年动工，在原清豫王府的旧址上，历经四年的大兴土木，于1921年6月始建成并投入使用。对此，在由民国大总统黎元洪题名的《协医年刊》中，有这样的记述："收买豫王府旧址，计面积六十余亩，建筑新屋十四座，外则画栋雕梁，玉栏碧瓦，集中华建筑术之大观，内则设备周密，器械精良，收集西医医学之精粹，聘请英、美、德、奥、加拿大、俄国、荷兰等国名医任教，施诊给药。"

　　在硬件建设方面，为了达成创立"世界一流医学院"的目标，主办方真是不计工本，"考虑到现代医学教育、医疗和科研的需要，从病房、教室到试验室，都是当时最考究的西式设备，甚至水汀管、门锁、抽水马桶都是从美国运来的"（见讴歌编著：《协和医事》，三联书店2007年10月版）。以至于学校建成之所费，竟超出了最初预算的三倍还多。

　　当然，协和医学院的"一流"目标更体现在她的办学方针与临床实践上。这所兴建在古老东方的医学院，几乎原封不动地照搬了当时美国国内最先进的约翰斯·霍普金斯医学院的教学理念。像注重医学生综合大学的预科（包含物理、生化、数学、生理、英语、国语、社会等课程）教育，强调临床医疗、教学、科研的三位一体，让学生尽早接触病患，全程实行英语教学，以及对医院的标准化管理，等等。使得协和与国际上最先进的医学教学实现了无缝对接，颇得国际同行们的青睐。由胡适题名的1931—1932年度《协医校刊》

图1 医院保洁人员的合影。摄于 1929 年 4 月 4 日

图2 护士学校的学生在打篮球。协和医学院开风气之先，在国内医学院校中
率先招收女生。摄于 1930 年 12 月 13 日

"引言"中说道："创设协和医学院于北平，教授则历聘欧美各国著名之医师，设备则搜集各国最新之仪器，不惜费多数之金额，以教授吾国少数之青年，一时誉满人口，谓与国外著名之医校相颉颃，迄今开办十四年，历届毕业者共得七十余人。"应邀撰写这篇"引言"的，是担任过清华大学校长的著名教育家周诒春先生。对于"开办十四年"才培养了七十余名毕业生，周先生接下来解释说："盖以吾国人而习西医，应先于彼国之文字，为数年之预备，故不能期其速成。"

协和的全程英语教学，的确是增加了学习的难度，而本着培养高端医疗人才的宗旨，协和医学院对学生的严格要求则是多方面的。在协和，考入了预科，还不算是正式入学，三年结业后须通过毕业考试，方能进入医学本科

图3　协和医学院注重面向社会，开展公共卫生教育与服务。在一处古老的戏台上，左侧有临时挂上的视力表，中间有医生在问诊，右侧则有人在称体重，像是医院组织的一次面向民众的查体活动。而后面背景中的孙中山像和"怡情""游于艺"等字幅，大概是此前什么活动的残留吧。至于这个戏台是豫王府里原有的还是别处的，就不得而知了。这张照片没有标注拍摄时间

26842D

图 4　医院的护士在主楼前合影。拍摄日期不详

15/00D   6/4/31

图5　结业仪式后，学员手持证书合影。摄于 1931 年 6 月 4 日

图6　公共卫生护士的一次走访活动。摄于 1934 年 3 月 23 日

图 7　一位名叫张笃伦的病患家属向马士敦（John Preston Maxwell）博士敬献"人类救星"之匾，感谢他拯救了自己病危的妻子，其曰："庚午夏，内子绶箴患血症数月，群医束手，几濒于危。幸马士敦博士自欧返平，一经疗治，着手成春。诚人类之救星也！特志一言，以感不忘。"从照片中人物关系看，站在左侧的外国人当为马士敦博士，右侧没穿白大褂的两人，应是献匾的张笃伦与他的妻子，中间的男孩或为他们的儿子。马士敦时任协和医学院妇产科主任，是中国妇产科的奠基人，1931—1932 年度《协医校刊》里称其"年高硕学，中外闻名"。摄于 1930 年 10 月 22 日

图 8　照片上是一次结业仪式。主席台前的条桌上堆着卷起来的证书，台下端坐的是清一色的女性，或为接受某项培训的工役人员。台上两侧的孙总理的遗言"革命尚未成功，同志仍须努力"，正是那个时代的特有标志。可见即使在美国人开办的医院里，也难以摆脱所在国主流意识形态的风行。摄于 1931 年 6 月 4 日

图9 此为北京协和医学院在主楼前的全体人员合影，照片上没有标注拍摄时间。《协和医事》一书里也收录了这幅照片，但远没有云志艺术馆收藏的这张清晰。在书中，标注为 1921 年 9 月典礼期间所摄

图 10　中外人士在校园里留影。摄于 1929 年 5 月 15 日

图 11　在一次集会中，照片里的孩子们被要求高高扬起了自己的手帕。这应是医院面向
孩子们组织的一次爱清洁、讲卫生活动吧。摄于 1934 年 6 月 26 日

图 12　从他们身后立柱上的标牌获知，这张照片是会计室与稽查室同仁的合影。拍摄日期不详

图 13　"双十节"那天，医院某科室中国同仁的合影。只是不知他们拍这张合影，与这个特殊的日子有没有关系？摄于 1929 年 10 月 10 日

25954 B　　　　　　9/21/35

图 14　这张合影，有可能是因为端坐中间的这位西装革履的中国人的到来。谁能辨认出这位人士？看架势，似乎来头不小。摄于 1935 年 9 月 21 日

阶段的学习，而这一门槛的通过率通常不足 30%。著名泌尿外科医生吴阶平回忆说，他 1933 年考入了协和设在燕京大学的预科班，班里共有五十二名同学，到 1936 年考协和时，只有十五人被录取。即使有幸跨过了这个门槛，进入了本科阶段，依然随时面临着被淘汰的可能。学校规定，期末考试一门不及格的补考，两门不及格的留级，三门不及格的开除，而及格线并非 60 分，而是 75 分。所以最终能毕业的，可谓凤毛麟角。1924 年，协和的第一届毕业生只有三个人，其在各个环节被陆续淘汰的不知凡几。不过，为了弥补毕业生员的稀少，学校通过常年举办各种进修，面向社会开展医师培训，多渠道培养医疗人才，以满足社会之需。

　　前人栽树，后人乘凉。如今，几经时代转换，协和这所有着百年历史的

图 15　一次针对儿童的公共卫生服务活动。摄于 1938 年 1 月 12 日

图 16　协和同仁的合影。背景中的雕梁画栋典雅端重，引人遐想。此为这宗照片里拍摄时间最晚的一张，时在 1939 年 7 月 13 日

15228A   6/26/31

图 17 　在北京协和医学院公共卫生学教授兰安生（John B.Grant）的大力倡
导下，协和注重预防、注重"面向民众"的医学理念，他的名言是"一盎司
的预防，胜过一磅的治疗"，学校还专门开设了"公共卫生护士"专业。图为
在北平走街串巷，进行访视的公共卫生护士。摄于 1931 年 6 月 26 日

教学与医疗机构当仁不让，犹执国内医学、医疗之牛耳，泽惠神州，源远流长。

这里刊出的一宗协和老照片，品质优良，实属罕见。系由云志艺术馆收藏并提供。

遗憾的是，照片没有随附相关背景信息，大部分只标注了拍摄时间，为准确解读与呈现它们造成一定困难。此宗照片中，最早的为 1929 年所拍摄，最晚的拍摄于 1939 年，即太平洋战争爆发之前。一俟战事爆发，1941 年 12 月 7 日以后，这所由美国出资创办的"世界一流"医学机构，便大祸临头了。先是被迫停止了诊疗与教学活动，后又被日军强行占领并接管。时任院长胡恒德（Henry Houghton）等三位在协和工作的美国人还被日军关押了四年，直到战争结束方获自由。而学校经此一难，则元气大伤。

回顾起来，整个 30 年代，可以说是北京协和医学院的黄金时期。从这组珍贵的照片里，读者应不难睹见她八十多年前的鼎盛与风采。同时，也期待着照片刊布后能为方家所留意，对里面的信息给出更详实、更精确的解读，以资观赏。

注：此篇文字参考了讴歌编著的《协和医事》，谨向作者致谢。1929 年，国民政府教育部将北京协和医学院改名为私立北平协和医学院。为防读者误解，本文统一为北京协和医学院。

（照片由云志艺术馆提供，原载《老照片》第 131 辑，2020 年 6 月出版）

1937 年：美国水兵镜头中的烟台

曲德顺

　　基于烟台的战略地位和良好的气候条件，1866 年美国驻烟台领事建议华盛顿当局，在烟台建立美国海军基地。1873 年美国军舰"帕洛斯"号驶入烟台港，此为美国舰队来烟台进行"夏季机动军事演习"之肇始。到 20 世纪 20 年代，烟台正式成为美国亚洲舰队的消夏基地。为满足来烟台海军官兵的登陆住宿和基本训练的要求，美国海军还在烟台陆续兴建了设施完善的美国海军基督教青年会活动等场所。

　　随着各类接待场所功能的不断完善，美国海军亚洲舰队每年夏季都有十艘左右的军舰在烟台"安营扎寨"。美国海军驱逐舰的补给舰"黑鹰"号入列服役后，烟台的海面每年都会出现其身影。1937 年 4 月 5 日，"黑鹰"号离开菲律宾的马尼拉，经过多日的海上航行，于 5 月 8 日抵达烟台。7 月 2 日"黑鹰"号前往秦皇岛海域，在军舰离开烟台期间，中国爆发了震惊中外的卢沟桥事变。7 月 12 日"黑鹰"号返回烟台，一直停泊到 11 月 8 日才启程返回马尼拉过冬。"黑鹰"号在抵达天津时，曾组织舰上官兵赴北平旅游，适逢卢沟桥事变，有官兵两百余人滞留北平，经与中日双方协调，得派汽车运抵天津，转塘沽港，再由美舰接送，7 月 17 日方返回烟台。在那期间，美国海军"黑鹰"号的一名佚名水兵拍摄了一组烟台的照片，记录了他们眼中的这个北方海滨城市的独特风貌。这宗照片，后为临淄云志艺术馆所收藏。我们始得以跟随拍摄者的镜头，看到了彼时烟台的风貌和战争爆发前后民众的生存状态。

　　烟台老城区三面环山，一面临海。其山势不高，易于攀援，登临之下，整个城市尽收眼底。烟台的南山、东山、毓璜顶、烟台山灯塔等处，皆为鸟瞰市景的绝佳之地。

　　烟台自 1861 年开埠，经过七十余年的城市建设，已经从一个滨海的普通渔村演变成一个颇具欧陆风情的开埠都市。烟台城区的建筑，华洋参半，临近海边的建筑均为两层洋房，与洋房相邻的建筑多为中西合璧的合院式建筑，而城市中部靠近南山一侧的建筑则基本为中式民居。城中几处隐现的教堂也与当地人的建筑交织在一起。南山脚下，1937 年兴建的蚕丝联合会的门楼业已矗立。在南山眺望，海港内停泊的美国亚洲舰队清晰可见。1937 年美国亚洲舰队派遣驱逐舰、鱼雷舰、运输舰、拖靶舰等十三艘军舰来烟台消夏。驱逐舰依次停泊在挡浪坝的内侧，排水量最大的"黑鹰"号停泊最东侧，两艘扫雷舰泊在挡浪坝的西侧。（图 1）

　　烟台是最适宜避暑的北方城市。开埠伊始，西方人将领事馆、洋行、邮局多设于烟台山下，随着城市的发展，兴建的各类建筑由西向东，逐步推进，

图 1　从南山所拍摄的烟台全景

至 20 世纪 30 年代，烟台东山西式建筑已然林立，不仅外国人喜欢在此兴建度假别墅，本地新兴的民族资本家也仿建西式洋楼，此地俨然成为烟台新兴、高端的城市居住区域。"烟埠建筑，颇带洋风，尤以烟台山下左右及东山一带为最似"。（图 2）

登临位于城区西南的毓璜顶，俯瞰烟台，山海一色，整个海滨城市秀美的风光美不胜收。毓璜顶的旗杆见证了美国北长老会郭显德自 1864 年来到烟台后，在半山之上创建学堂校舍、诊所医院、洋房住宅，多年努力之后，已形成一组完整的宗教、教育、医疗、生活的长老会社区建筑群落。建筑群落之一的毓璜顶医院邓乐播的"院长楼"建于 1913 年，是邓乐播自己设计建造完成的。虽然在 1927 年洋楼已经更换了新的主人，但大家还是喜欢称它为"院长楼"。（图 3）

美国海军官兵除了日常的训练，旅行和娱乐成为业余生活的主旋律。美国海军通过烟台基督教青年会组织美舰官兵旅行团,远赴天津、济南等地旅行,蓬莱阁等本地名胜古迹自然也少不了他们的身影。

图 2　从东山拍摄的烟台城市局部

图3　毓璜顶俯视烟台市区

　　30年代蓬莱古城的北城墙西段的城垛保存完整，西侧的浦家洼村还可窥见，城墙南侧当时还是一片树林。北面的蓬莱阁上的建筑物清晰可见。田横山是一片荒秃岭，山上作为军事设施的古建筑已不复存在。（图4）

　　毓璜顶的小蓬莱为本地名胜之首，南来北往之人多喜前往。1937年夏季，山上树木枝叶繁茂，几乎遮住了牌坊上"小蓬莱"几个字。虽然亭台楼阁仍然高居其上，花草树木缺乏打理，景区显得有些杂乱。与小蓬莱一墙之隔的省立八中的学生曾将毓璜顶寺庙内的塑像全部捣毁，为此双方陷入官司的诉讼之中，两者之间厚重的墙壁是否就是当时新旧思想激烈碰撞后隔阂的表现。（图5）

　　外国人对中国传统的婚丧嫁娶极感兴趣，散落在烟台城市各处的龙头碑，在海军官兵的眼中也是本地极有代表性的景点。芝罘学校南侧三块龙头碑，时常出现在早期外国人发行的明信片上。原先被众人敬仰的石碑，如今碑身则贴满了各式广告。碑的西侧搭建有简易草房，墙边摆放着木制车轮，房前堆放着过日用杂物。草房身后不远处是专门为在中国各地工作的内地会传教士来烟台疗养而兴建的教士安歇楼。挑着全副工具的小炉匠为了讨生活，正

图 4　远眺蓬莱阁

图 5　毓璜顶的小蓬莱

急匆匆地走过。经西风东渐多年后，彼此已见怪不怪，华洋杂处，自适相安。（图6）

市区某处的八块龙头碑，多为"敕旌貤赠奉直大夫姜希遍妻吴宜人节孝碑"之类的节孝碑。四个西方人士站立于碑前，从其服饰判断，或为海军、传教士以及驻地领事馆、洋行的工作人员。有一个轴子从他们面前经过，赶轴人口中叼着烟袋，一副悠然自得的样子。轴子作为胶东一种独特、古老的交通工具，虽然随着现代交通的兴起而开始没落，在1937年仍然没有退场，还在发挥着余热。曾经显赫的碑身上面也都张贴着商业广告，其第三块碑身上的为推销烟台怀东公司开设在北大街代理营口恒茂永烧酒的广告。地处辽东半岛的营口，通过营口港装船将辽阳等地的高粱烧酒贩运到烟台和青岛，由于价格适宜，在山东半岛一带极为畅销。（图7）

"当时烟台全埠大小街巷，皆用洋灰铺道，平滑整洁，令人可爱，路政之美，远胜平津。汽车往来无尘土飞扬，堪称北方第一。"从美国水兵拍摄的城市一角可以看出，东河两侧的道路虽不宽广，倒也整洁，可见上述对烟台道路的评价并非虚言。河东侧1900年由广东香山商人、顺泰号老板梁浩池创办的

图6　龙头碑和教士安歇楼

183

图 7　市区的龙头碑

养正义学堂的校舍已颇具规模。临街的进禄洋服店就是市区内众多典型围绕
美国海军需求而设置的商铺之一。告示产品和服务内容的招牌的文字，通常
是中英文对照，或者干脆全部采用英文。为便于与西方人士交流，当时站柜
台的，日常交流的英语都要掌握。正对的东河是烟台屈指可数的直接与国外
进行业务往来的中资亿中公司，该公司的业务主要围绕发网、花边、柞蚕丝绸、
刺绣等领域产品的出口展开，其开设的零售商店是专为外国人服务的。（图 8）

　　烟台沿海的观光路在 20 世纪 30 年代已经修筑完成，海岸路一带靠海的
楼房里有专门为夏季来烟度假的美国海军和西方人士开设的季节性度假酒店
和舞场。烟台常年接待美军消费的饭店有四十余家，1937 年据饭店公会统计，
筹集资金申请接待的饭店增至六十家。然时局动荡，美海军官兵的消费较以
往有大幅缩减，以至于招待美军的饭店生意颇为萧条，在饭店营业最旺季的
7 月，已有十余家饭店考虑歇业。在建有工事掩体的海岸路上，以往夏季熙
熙攘攘的街道上，如今却游客稀少，街道上只有戴黑边凉帽、穿白褂、黑裤
子的烟台城市"白领"。本该在大海中游弋的各类游艇，多闲置于沙滩之上。
唯有孩子们或在沙滩嬉闹，或将腿埋进细沙中，无忧无虑地享受着夏日的时光，

图 8　东河边的进禄商店、养正学校和亿中公司

图 9　夏日的海岸路

全然不知战争正逼近自己的童年。（图9）

"烟埠海水浴场，素有名于世"。1937年的沙滩，天气依然炎热，阳光依然直射，但以往人声鼎沸、拥挤不堪的沙滩，却分外萧条。烟台各家酒店、咖啡馆也在海滩扎起布棚，开设外卖，售卖啤酒、冷饮，纷纷做起了外卖生意，来自东太平街的新宫殿咖啡馆的凉棚也位列其中。原本"许多西洋人，洗完了澡，乘兴饮酒其下"，而今年海边的躺椅、洋车却多虚位以待，挎着篮子的商贩在兜售啤酒和水果。烟台7月21日《东海日报》刊登新闻，题目为"招待美兵　营业欠佳　茶棚营业尤甚"，其云："本年经营夏季美舰生意者，营业多属不佳，而金沟寨迤北沙滩上开设夏季临时茶棚（专供美舰军人洗澡纳凉而设），营业尤为萧条，闻均赔累不堪，势难支持。"（图10）

每年夏季涌入3000名美国海军官兵，对烟台这样一个拥有144602人口（1938年）、7698家商号和17家洋行的城市而言，是极为重要的一项经济收入来源。美舰的各类信息是本埠报纸的重要新闻，各商家无不希冀每年来烟

图10　东海滩浴场

台的是一位"大提督"或者是新舰、大舰，如不理想，竟至失望。1933年游览烟台的郭岚生先生在其《烟台威海游记》中对美国海军士兵在烟台娱乐的场景有过详尽的描述，"烟台的餐饮娱乐行业全靠美国海军夏季的消费，一入黄昏，诸街喧闹非常，出入妓院酒馆的，十九为美国兵，各路口美国值岗，以维持秩序"，"每个水兵月薪八十美金，当中国银钱三百余元，等于我国中高级军官的收入，或有过之。他们是取精用宏，他们的生活是非常浪漫的。跳舞、吃酒、嫖妓、打球、海浴、唱歌，是他们一天的惯例生活。每月的进款完全抛费在烟草，今朝有酒今朝醉，他们是丝毫不讲储蓄的，还有发饷三天不到就花个净光的。烟埠夏季所以繁盛，一部分因为各国来此避暑的人多，一部分因为美军的挥霍。西人嗜酒的，有甚于东洋人，而美国人嗜酒尤为普遍，美兵好饮，一饮辄醉，在烟台常见他们自妓院或酒馆出来，歪戴着帽子，口里唱着歌，酒气熏煞个人，行路东倒西歪，糊里糊涂又走到别的妓院"。由于美舰士兵经常是入不敷出，美舰队司令不得不发出通报，烟台本地商家不

图11　酩酊大醉的"黑鹰"号士兵

得为美士兵的消费挂账，若将来发生债务纠纷，美舰长官绝不受理。两个美国"黑鹰"号水兵于饭店之中，在一番痛饮之后，枕曲藉糟、酩酊大醉的场景，恰似郭先生在游记中所描述的样子。（图11）

位于张裕路北口的犹太饭店，是美国海军最喜欢的消遣场所之一。疑似饭店的洋老板叉腰站立，手扶店门。穿着白色大褂的学徒，或站在楼房的阴凉处，或端坐洋车上，脸上露出劳作之后放松的笑容。店边等候的人力车依次排列，客人座位的椅套洗得雪白。墙上张贴着征集聚会的英文广告。黑夜来临，便是美国海军官兵进入犹太饭店买醉寻欢、醉生梦死的开始。（图12）

烟台本埠生产的烟台醴泉啤酒（chefoo beer），借助每年美海军来烟消夏，获得良好的销售业绩。烟台醴泉啤酒公司是一家极为重视宣传营销的公司，在上海黄埔江畔显著位置设有啤酒广告，每年夏季美国海军来烟之时，正是啤酒的消费高峰，烟台啤酒自然不会放松对美国海军的营销，在美国海军官兵活动的美国海军基督教青年会的院内安放醒目的广告牌，海岸附近的街头各处墙面刷有啤酒广告。烟台洋酒餐业公会为推广本地啤酒，还专门召集会议，倡导国货，要求各酒店招待美舰军人须选用烟台醴泉啤酒。如此一番营销措施，使得美国海军官兵在各个场所都绕不开烟台啤酒，想不喝都不行。（图13）一位留光头、身着土布白色对襟褂子的侍者，看起来极为干净、干练，手提一瓶烟台醴泉啤酒，看来是消费者对这位侍者的服务和啤酒的口感很是满意，特地为此拍照留念。（图14）

卢沟桥事变爆发后，虽然烟台各界人士电请政府即日出兵抗战，呼吁以固领土而保主权，并发起各种募捐活动，慰问抗战的二十九军，但地方政府层面显然没有做好积极抗战的准备，第三集团军总司令兼山东省政府主席韩复榘在7月15日发表《非常时期中军政人员不得越职妄议》的训令，训令中要求："时局不端，应严厉戡止无稽之言，以免影响社会治安。特令所属军政各界人员不得越职妄议，更不得凭空推揣时局，肆言无忌。"日本海军"葵"号军舰在6月24日进泊烟台港，即使卢沟桥的枪声已经响起，日舰"秋"号、"淀"号驱逐舰仍在7月16日、7月21日进入烟台港口。拱卫烟台海防重任的东山、西山两处炮台，民国以来"或废或汰或归并，已非囊日之旧形矣"。虽然西炮台练兵营的墙上刷有"努力救国、天下为公"的励志口号，

图 12　犹太饭店

图 13　手持烟台啤酒的海军士兵

图 14　手持烟台啤酒的侍者

图 15　西炮台下练军营

但西炮台自 1875 年建造以来，在抵御外敌入侵的战争中未发一弹，不能不说是有失颜面（图 15）。烟台城区的防务也未真正获得重视，仅仅在一些道路路口堆置沙袋掩体，掩体附近也未见有荷枪实弹的士兵把守。1938 年 2 月，日军从青岛方向来犯，烟台市行政专员张奎文等人提前撤离烟台，未能组织有效抵抗。

美舰每年来烟台度假，与当地政府、百姓之间关系尚属融洽。1937 年 6 月 25 日基督教青年会为使会员增长见闻，开阔眼界，组织一百八十余名男会员参观"黑鹰"号。7 月 14 日美舰的篮球队与烟台白燕队在广仁路球场举行篮球赛。1937 年，先后发生美军开车撞伤第四区一名警察头部和一名中国女孩的两起交通事故，经交涉，海军宪兵司令部均支付医药费和体恤金，对肇事殊表歉意，事故均获妥善平息。

两年后，太平洋战争爆发，美国海军彻底结束了在烟台历时二十多年的训练与度假。

（照片由云志艺术馆提供，原载《老照片》第 136 辑，2021 年 4 月出版）

莽撞的见者

——西方船员镜头里的武汉

许大昕

"我厌倦了热带微风,阳光照进我的眼睛;哦,上帝,一阵刺痛的风,气氛热烈而急切……"这低吟来自 20 世纪 30 年代,来自行驶于武汉段长江上的名为 HMS Gnat 的巡逻舰,来自于舰上一名自称厌倦东方、渴望回到西方的船员……

这些尘封的影像,取自 HMS Gnat 上的船员编写的《长江巡逻船相册》。保存完好的照片,尺寸 7.5 厘米 ×9.8 厘米,整齐地放于黑白相册中。它们静静诉说着老武汉的风情与沧桑……这些标题照片显然是舰上的一名船员拍摄的,大致摄取了 1935 年到 1936 年武汉的短短瞬间,照片下方还附有他写下的零星文字。虽然摄影者未留下姓名,但是,也许是西方人的超然物外,也许是百姓日常始终存在于历史深处,它们真实、生动、强烈、缓慢……在历史硝烟散尽之后,人影情思依然晃动不已……

在中国近现代史上,武汉之繁华兴旺曾为世界瞩目。1861 年,汉口开埠。到 20 世纪初,英国杂志把她誉为"中国的曼彻斯特",美国杂志把她誉为"中国的芝加哥"。1911 年 10 月 10 日的武昌起义是辛亥革命的开端,发生过如此轰轰烈烈大事件的土地上,武汉,仿佛是"巨人"一度挺立在时代的潮头。到了 20 世纪 30 年代,中国内忧外患,中日之战已箭在弦上。"山雨欲来风满楼",而影像中的市井众生依旧迂缓,沉默,坚韧……

一

影像里的武汉，一如既往地繁华喧嚣着，人来人往的大街上，太阳依旧
耀眼，可在某个街道拐角，又不知道藏着多少忧伤和希望。

众所周知，长江和汉江串起了汉口、汉阳、武昌三镇，合成武汉。几百
年的生息演变，再加之1861年以来吹进的欧风美雨，日日夜夜吹着，这些
老街老巷——花楼街、泰宁街、黎黄陂路、元路、生成里、皮业巷、百子巷、
熊家巷、苗家码头、同兴里、洞庭街、珞珈山街……横横斜斜爬满了古老汉
口的脊背。

老街老巷各安其分，各司其职，一个老武汉人可以自由安妥地于其中做
工、闲逛、喝茶、谈情、买卖、思古、怀旧……细细体味那些身为人的生活：
从容的，高贵的，艰苦的，希望的，无奈的……来到这里，一切复归了个人

图1 武汉街景

的生动与卑小。

这些石头垒砌的楼阁店铺稳固盘踞于武汉的每片肌肤，水洗不掉，风拂不去。恁江水流逝，人事变迁，它们是经历者，亦是见证者。大时代的动荡扫过每个人，些许的温暖和挣扎发生过，消失了。一批批人来了又走了，生了又死了，一种种主义起了又灭了，信了又疑了……

20世纪30年代的武汉街景，在影像里栩栩如生。一幅摄于租界的照片，闯入眼帘的一座连一座的西方建筑虽然只有四五层高，但是底座异常敦实。租界的大街，如此宽敞，如此平坦，人来人往，车来车往。人力车夫奔跑起来，风在耳边呼呼地响，和着他粗重的喘息。车上的人或流连于街景，或盘算着自己的事情，甚或民国时代，风气初开，车上的人叼根雪茄，扶扶礼帽，对肩边的女人做出绅士的微笑……车上车下既是两个阶层，更是两个时代。

行走的人，离镜头最近的一位男士，步履悠闲，衣着齐整。秋风抑或春风将长袍掀起，露出衬裤——那时候的穿戴还有着里三层外三层的讲究，尤其是最外边一层，一定是符合身份和年龄的。左前方不远处，依稀可见头戴"大盖帽"、足踏黑皮靴的巡警，他看起来并不是很凶，眼神里透着精明认真。（图1）摄影师记道："武昌的两条街——接近现代。"

另一幅（图2）是古中国味道的老街。不知是哪一段老街，有幸留在外国船员的镜头里。汉口里著名的"两段四街"——那沧桑斑驳的汉正街、大夹街、长堤街、花楼街沿汉水长江而生，她们年轻时候的容貌尚未着好颜色，就跌入日暮炊烟的苍茫里了……这位船员可能不止一次上岸，东看西看，孤独的身影投于中国的老巷。他在照片后记下："中国小城镇的普遍景象。这些商品既花哨又便宜，很多是从日本和美国进口的，但是很难成交。有一件事不能在照片中介绍，就是街上的卫生一直非常糟糕，而且弥漫着难闻的气味。"在"杨裕泰"的横匾下，一位壮年男人直奔而来。他一身短打扮，昂首挺胸，阔步向前，气质清刚，脸上似笑非笑，但是无丝毫颓靡和忧郁。据史载，1935年的武汉遭遇了一场大暴雨，被淹的民房不计其数。可想而知，照片里的人物都难逃生活的磨折。他大步流星走在街上，露出昂扬的生活斗志。

19世纪末，当时的清朝重臣洋务派的首领之一张之洞调任湖广总督。他在湖北大力推行"新政"，推广实业，兴办教育，号召"自强、求富"，一呼啦，

图 2　武汉市井即景

图 3　奥略楼

"汉阳铁厂、汉阳兵工厂、汉阳火药厂、汉阳针钉厂、汉阳官砖厂等，在汉阳龟山至赫山临江一带，形成蔚为壮观的十里制造业长廊"，汉阳历史上平和唯美的古典风情煞然转入开放多元的近现代。照片里的这座奥略楼（图3）就是张之洞离任之后，当地的门生故旧及百姓对他的"去后之思慕"，以此纪念张在湖北的政绩和功德。张之洞本意谦虚婉拒，但在北京写来的信中又道："点缀名胜、眺望江山，大是佳事。"因此，工程继续。后来，张之洞借用《晋书·刘弘传》中"恢宏奥略，镇绥南海"的语意，亲书匾额"奥略楼"悬于其上，算是圆满了这段佳话。本名风度楼也因此改为奥略楼。1955年，修建长江大桥时奥略楼被拆除。

二

　　如果说，影像里的街景仿佛是舞台灯光照耀下不时显露的华美和沧桑，那，船员摄取的老百姓的日常才是这出戏的本真。张爱玲曾经在《自己的文章》中写道："强调人生飞扬的一面，多少有点超人的气质。超人是生在一个时代里的。而人生安稳的一面则有着永恒的意味，虽然这种安稳常是不完全的，而且每隔多少时候就要破坏一次，但仍然是永恒的。它存在于一切时代。它是人的神性，也可以说是妇人性。"如此，20世纪30年代这几帧旧照，因为录取了人生那"安稳的一面"而具有了永恒的意味……

　　街头林立的商铺，角角落落都透着烟火气、热闹劲，沿江逶迤的灯火啊，似乎从不曾熄灭过……将街头的、江边的某一家，某一人录进来，这位摄影者将许多镜头对向了"车下的世界"：

　　有些人在太阳下懒洋洋地守着生意：卖草鞋和水烟的摊位前，一位老太太突出于画面中间，她凄苦的面庞，满脸的皱纹，苦茶般耐人寻味的眼神——多么中国！她没有丝毫的时代感，她仿佛一直站立在那里。而她身旁戴着草帽的男人们也是如此，没有人能惊醒他们……（图4）

　　身着棉坎肩的少妇，纤细的手指小心地握着一把烟斗，据摄影师记载，这把烟斗是新式的。当时，抽大烟是上层社会的风气，甚至是标志。因而，这把烟头，如此讽刺地出现，仿佛击中了社会的沉疴。她侧脸跟老太太聊着

什么，估计是她的婆婆了，明显地，婆婆一脸沉郁，颇感世道艰辛的样子。只有桌前的小孩天真未泯。（图5）

街头的裁缝，竟然有很多男人——他们在低矮的工作台上，曲着身子缝补衣服，他们安静、沉闷、专注。摄影师毫不留情地在照片下写道："生活水平低是显而易见的。"（图6）

街头小摊上，一个年轻男人正在给另一个光头男人掏耳朵——"在英国，这将是一个令人惊叹的场景，但没有什么能打扰到中国人。有的人可以帮忙把人耳垢掏出来，换几个铜板。"摄影师写道。（图7）

在一个瓷器的摊位旁，地上摆着些精美的瓷器——花瓶，观音菩萨像、小摆件等，两个小孩看得出神，却不知摊主去了哪里——仿佛一直没回来。（图8）

街头，小孩们趣味盎然地看着"西洋片"，这"西洋景"给小孩们带来无限快乐和想象。着小袍子的几个男孩看起来也就八九岁，瓜皮帽下是怎样一张张可爱的小脸呢。（图9）

街头，一位面色沉重、脸色黧黑的买卖人，挑着两捆紧紧拴着的笤帚。也许，扁担两头挑着的就是全家的生计呢。（图10）

老武汉人、当代作家方方在《行云流水的武汉》中写道："是长江使这座城市充满了一股天然的雄浑大气。这股大气，或多或少冲淡了武汉的土俗，它甚至使得生长于此的武汉人也充满阳刚。他们豪放而直爽，说话高声武气，颇有北方人的气韵……是长江使武汉这座城市的胸襟变得深厚和宽广；是长江给武汉的文化注入了品位。"从镜头里江边劳作的各色身影中，武汉人彼时的风貌依稀可见。

竹斗笠、白衣白裤、灰衣灰裤的挑水夫们，长扁担横于肩头，木桶摇摇晃晃……挨挨挤挤站满了临江的石阶。他们分两队，一队打水，一队打好水往岸上走。看起来，木桶很大，一位挑水夫将桶横卧于水中，再提起来，这需要相当力气。——"长江流域完全是一个农业区，但没有灌溉手段。搬运水的苦力。"影集中这般说道。（图11）

江边还有些妇女在洗衣服。她们就是民国社会里的"洗衣工"吧！沿河远望，河水平静，老百姓的日子，不过是一日日的衣食住行。（图12）

有一位老年妇女在院子里洗衣服。远处的房屋低矮、破旧，院子里还搭

图 4　摆摊

图 5　妇人与儿童

图 6　街头的裁缝

图 7　掏耳朵

图 8 瓷器摊

图 9 拉洋片

图 10　卖笤帚

着破旧的棚子。她的眼神直视镜头，愁苦麻木，静寂无奈，与眼前的凳子、木桶合为一体。仿佛她不是在洗衣服，而是将这破破烂烂的一切摊给镜头：破旧如此的日子，何时是个头？（图 13）

那些豪放直爽的武汉人在照片里也出现了：看长江边辛苦劳作的五个汉子，一顿午餐，再平常不过。他们有的背对着镜头，埋头吃饭。有的看到了相机，没有警觉与恓惶。高个子肤色黧黑，打着光背，爽朗地笑着，捂着的嘴似乎也遮不住他的笑声。精干的小个子一定是个"头儿"了，虽然筷子夹着一条鱼，并不忙吃饭，眼神坚定，若有所思地看着镜头，也看着今天的我们。无论多么清苦艰辛，这些硬朗的中国男人们，让人看到希望一直扎根于长江之畔，扎根于 20 世纪 30 年代的武汉。（图 14）

图 11　打水

图 12　河边洗衣

图 13　洗衣的妇人

图 14　吃饭

三

　　看过这些照片，寻常的街景，百姓的日常，令人无比感叹。人，在历史中是一种怎样的存在呢？八十多年前，这些被压平了放进照片的人们，似乎还一直活着。人活一世，回头一看，也许只是长江奔流时带走的那片秋叶……那位船员写道："图标上遥远的地方，没有你真正停留的地方，我受够了小鸡，从罐子里出来的食物，东方不是一个可以涉足的地区……我讨厌瘙痒、皮肤病、蚊虫、害虫和苍蝇……但我听到西方的呼唤，让我留在欧美……"他那么渴望逃离，一个时刻渴望逃离的人却被命运短暂地安放在这里。

　　他，一个莽撞的见者，将20世纪30年代的武汉气息就这样留了下来……

　　（图片由秦风老照片馆提供，原载《老照片》第123辑，2019年2月出版）

情随事迁

——长春的那些老建筑

王逸人

一

王羲之在《兰亭集序》提到过一个词，叫"情随事迁"，意思是感情随着事物的变化而变化。作为一个生长于长春的"70后"，笔者对老长春有着非常深刻的印象，在童年和少年时期大规模的城市开发还没有到来，也就是大拆大建还没有到来，老长春还"全须全尾"地保存完好。很多历史建筑留在我们心里的首先是它的功能属性，待有了很深的感情后才知道它的历史属性乃至阶级属性，再面对它们时，我们的内心是复杂的……而这也就是一种"情随事迁"吧！

在长春，应该有很多同龄人还记得小时候胜利公园里的电动木马吧，它曾带给孩子们多少欢乐！那些木马年深日久表面被蹭得锃亮，地地道道的"包浆醇厚"，而且木马还有"死马"与"活马"之分，"死马"只能转圈，而"活马"除了转圈外，还能上下运动，这才是男孩子们的最爱，所以游戏开始时大家都是尽量地去抢活马。许多年以后，才知道"胜利公园"在伪满时被称为"儿玉公园"。"儿玉"是指"满洲军总参谋长"儿玉源太郎，当时在公园门口处有一个规模很大的儿玉骑马雕像，而电动木马也是那个时代的产物……20世纪90年代末当笔者惊讶地发现电动木马全部被拆除时，内心一阵紧缩，怎么就这么把它拆了，经过谁的允许就把它拆了？多少长春孩子的念想啊，就是拆了，那些木马也该送进博物馆啊！查访了好长时间，最终也没找到下落，即使是这样笔者心中依然存有侥幸，希望它们被集体放置于某个仓库内，有朝一日能被发现，而不是沦为了劈柴被塞进某个锅炉……

在这里，我要重申的是，长春"满铁"与伪满时期的老建筑，在1945年8月18日溥仪宣读"退位诏书"后，物权就转移了，它不再属于侵略者而是转归于人民了。

二

近代长春的城市发展碰到了三次重要的历史机遇。第一次是被沙俄规划在了中东铁路上，一百多年前能和铁路相连就是与当时的世界先进文明在握手，在东北，如长春者如哈尔滨者，城市都是因铁路而兴起；此外，"满铁"与伪满洲国又是非常重要的两个时期。而后两个时期又与两场战争紧密相连，它们分别是1904年的"日俄战争"与1931年的"九一八事变"，这些历史事件让长春的城市定位发生了深刻的变化。1905年日俄战争结束后，作为战胜方日本从沙俄手中攫取了"梦寐以求"的"南满铁路"，他们急吼吼地将这段铁路由俄国的"宽轨"改成了"标轨"，这条铁路日本一直是极度珍视的。铁路南起旅顺北到长春，于是长春一下子成为"南满铁路"的最北端。

1932年伪满洲国甫一建立，各种现实条件相互叠加促成长春成为"首都"。伪满洲国成立初，日本除了军力，还涉及一个"国际形象工程"的比拼，彼时香港是英国建设的样板，青岛是德国建设的样板，上海是"国际共管"建设的样板，哈尔滨是沙俄建设的样板，所以日本当局是非常想把长春建设好的，起码在观瞻上可与其他几处地方比肩。

1932年3月，"满铁经济调查会"开始编制"新京"城市规划。随后成立了"满洲国国务院"直属的"国都建设局"，"国都建设局"制订了城市建设规划范围，确定"新京"的建设规划区为二百平方公里，除近郊农村的一百平方公里，以一百平方公里为建设区域，其中原有建成区域为二十一平方公里，第一期五年建设区域为二十平方公里，规划人口为五十万。该规划报请关东军司令部最后定案，成为《大新京都市计划》。《大新京都市计划》由日本城市规划专家设计，参考了19世纪巴黎改造规划、霍华德的"田园城市"理论，以及20世纪20年代美国的城市规划设计理论。在规划中，道路系统采用直角交叉与方格状结合，设置环岛广场，加宽道路设计，绿化带结合公园形成绿化系统。由于大力实施绿化，建设后的整个城区几乎全部掩映在绿海之中，1942 年，"新京"人均占有绿地 2272 平方米，超过华盛顿一倍，是日本大城市人均绿地面积的五倍，为亚洲大城市之冠。

这种"亚洲之最"的认识形态，直到 20 世纪 80 年代都没有变，一提起长春的"老虎公园"（长春动植物园），很多当地人会加个"亚洲最大"的后缀；一提起长春的"南岭体育场"（它的全称是"国立新京综合运动场"），除了"亚洲最大"外，还会告诉你，它的红色跑道可不是石碾碾轧成的三合土，而是用火山岩铺就的，而这种火山岩是从日本富士山专门运来的，一下雨水就会迅速渗下去，这种材料在当年是相当先进的。笔者在小学和初中时期每年都会被组织到这里参加"朝阳区运动会"，不同学校的同学们就是围绕着这条"红跑道"展开角逐的。

关于"新京"的建设有很多事在经历了一个漫长的历史过程后再回望时，或许会得出不同的结论。比如日本的建筑学博士佐野利器，他是日本现代建筑的先驱人物，1932 年 12 月受邀来到"新京"，担任伪满洲国国都建设局顾问，其主要工作是在城市里推行水冲厕所。很多人都知道长春差不多是最早全面推行抽水马桶和蹲便观念的城市，在木马桶遍地的时代，这里已开始比较系统推行卫生陶瓷。这样做的结果是极大地改善了城市的卫生条件，让现代文明深入城市肌理，在这件事上佐野利器是有贡献的。后来他回到日本，仍然积极推行"水冲厕所"，当笔者查到这份史料时才明白，原来当时日本的一些城市建设也并不完善，一些先进的事物反倒是在"满洲国"先行推广了。

三

在日本近代史上，一个最重要的建筑体系被称为"辰野式"建筑体系，它因日本著名的建筑师辰野金吾而得名。辰野金吾所设计的日本银行总行和东京火车站等著名建筑，今天依然保存完好且仍在使用。作为第一代建筑师，他对日本近代建筑的设计和教育有着巨大的影响，可以用名留青史来形容。后世的日本建筑师在查找其师承时，或多或少都受到了"辰野建筑谱系"的影响。

辰野金吾是地道留学英国的精英，他在东京帝国大学工学院就读时就是英国建筑师乔赛亚·康德（Josiah Conder）的学生。乔赛亚·康德出生于1852年，1877年（明治十年）来到日本受聘为东京帝国大学造家科教师，他对日本近代建筑的启蒙居功甚伟，因此又被称为"日本建筑界的恩人"。

"辰野式"建筑中常见红砖与灰白色系饰带相间，顶部是像王冠一样的塔楼与圆顶设计。红砖在日语里被称为"赤炼瓦"，是个很好听的名字，被很多人关注的东京火车站就是个地地道道的"辰野式"建筑。"辰野式"建筑说到底其灵魂是英国建筑里的"自由古典风格"，如果读者们了解伦敦的西敏寺大教堂（The Westminster Cathedral），一下就能看明白"辰野式"建筑的来路。

辰野式建筑出现在了很多地方，比如台北的西门红楼、台大医学院附属医院等，它们的设计师近藤十郎、森山松之助等皆为辰野金吾弟子。"辰野式"也出现在朝鲜半岛和中国东北，其中京城驿（当时的汉城火车站）就是参照了东京火车站的设计，设计师塚本靖是辰野金吾弟子；奉天驿（今沈阳南站）是很漂亮的一个老建筑，今年是它建成一百一十周年，而它的设计者太田毅和吉田宗太郎也是辰野金吾的学生。

当然长春也有地道的"辰野式"建筑，比如由中村与资平设计的朝鲜银行长春支店，那是南广场上非常漂亮的一个二层洋楼，表面茸有暗红色瓷砖，红瓷砖的墙壁上纵横配置白色条带。虽然名字叫朝鲜银行，可它实在是全资的日本金融机构。这座洋楼当年可是个"网红"建筑，很多老明信片里都能看到它的身影。非常可惜的是，在2000年8月它被拆除了。而中村与资平在东京帝国大学的授业者也是辰野金吾，所以说研究日本近代建筑史，真是绕不开这个体系。

四

"辰野式"建筑谱系人多势众，但究其根本是向英国学习的，我们且称之为"英派"。

在"英派"之外还有"法派"，在"新京"1936年竣工的伪满洲国综合法衙，可谓"气势恢宏，外形独特"，其设计师名叫牧野正巳。牧野正巳在东京大学建筑学科毕业后，为了更直接追求欧化浪潮，于1928年奔赴法国留学，跟着柯布西耶（Le Corbusier，1887—1965）继续学习建筑设计，柯布西耶是举世公认的建筑界领军人物，他最为世人所熟悉的作品是"朗香教堂"。

英法之外，再有一个参与力量就是"美派"了，"美派"以设计师远藤新为代表。远藤新1914年毕业于东京大学建筑学科，因缘际会后来竟成为赖特（Frank Lloyd Wright）的"入室弟子"。而赖特是一位举世公认的建筑大师，它所设计的"流水别墅"被称为"美国史上最伟大的建筑物"。

赖特于1916年至1922年受邀到日本进行第二代"帝国饭店"的设计，那是一座典型的"玛雅复兴风格"的建筑。他投入了大量的精力，甚至为此楼设计了有特制图案的外立面瓷砖，今天这种瓷砖都成了带有LOGO性质的建筑构件。就在这个时期，远藤新一直陪在赖特身边，最后也成为他的最忠实的弟子。

1933年，即伪满洲国成立的第二年，远藤新来到"新京"，设计了"新京国际饭店"的方案，显然这是有意去模仿他老师所设计的"帝国饭店"，最终"新京国际饭店"没有建成，但远藤新却接受"满洲中央银行"的邀请，设计了"中央银行俱乐部"。这处建筑充分体现了赖特早期"草原式"的设计风格，主体建筑是今天的"长春宾馆"，花廊长亭也完整保留，想一窥建筑史上著名的"草原式"建筑，就可以去那里看看。

情况就是这样，当年诸多世界顶级建筑师的亲传弟子都曾汇聚于"新京"，并留下了他的个人的作品。

五

有了上述对于历史脉络和建筑脉络的叙述，我们再看那些关于"新京"的老照片，所站的位置就会高一些。

先说说这些老照片的出处，它们均出自东洋文库《亚东印画辑》第九册，所跨越的时间段为 1936 年 7 月到 1937 年 12 月。《亚东印画辑》是由"满蒙印画协会"于 1924 年 9 月开始在大连出版发行的照片集，连续发行了十九年直到 1942 年才结束。其中的照片涉及中国的风俗民情、自然风光、人文历史、艺术文化等内容。

图 1 原说明上写着"顺天广场附近"。这里就是今天长春市新民大街两侧，是当年"满洲国"最著名的"官衙区"。在这一带坐落着"满洲国国务院""司法部""治安部（军事部）""交通部""经济部"和"满洲国综合法衙"。这些建筑都是"兴亚式"风格的，"兴亚式"在当时也是一种建筑上的探索，它主要针对的是高级的行政机构，商用建筑或民宅上肯定不允许使用。其来源上有对 20 世纪初日本"帝冠合并"式的继承，但在建筑的细节和风貌上又被要求更加靠近中国古代建筑。唯其如此，"满洲国国务院"设计者石井达郎在着手设计前还特意去了一趟北平。照片里左边的建筑就是"满洲国国务院"，它始建于 1935 年 6 月，以东京国会议事堂（国会大厦）为模本，

图 1　"顺天广场"附近

建造得异常高大雄伟，体现出最高政府机关的威严。该建筑的主体为 4.5 层，地下 0.5 层（半地下），建筑高度为 44.8 米，在其后四十四年里它一直保持着长春最高楼宇建筑的纪录。大楼里面安装的是"奥的斯"（OTIS）牌的铜电梯，其中最大一部一直能使用，时间久了铜的表面会生出一层包浆，带给人一种"没落"的华贵感，差不多十年前笔者还乘坐过。"满洲国国务院"是被印在了"满洲国"发行的邮票和纸币上的，而他的设计者石井达郎就是被佐野利器带入"满洲"建筑设计领域的。

照片右侧的建筑是伪满洲国司法部，该楼建于 1935 年，他的设计者名叫相贺兼介。之前他所设计的"首都警察厅"和"国都建设局"两个作品已在"大同广场"建成。其实"司法部"的图纸是他用来参加"满洲国国务院"的投标的，本来是被选中了的，可后来因石井达郎的出现而让相贺兼介的设计变成了"司法部"。"司法部"是很多影视作品所喜爱的外景地，如电影《滚滚红尘》、电视剧《少帅》（文章版）都曾在此取景，此外它的外立面也是笔者在长春诸多伪满建筑中最喜欢的一个。

图 2 和图 3 是同一组的，拼接起来就是一张横幅的"大同广场及周边建筑"。"大同广场"（今人民广场）是"新京"的"一环"，1932 年 7 月举行奠基典礼，建成后这个圆形环岛广场一直就是城市最重要的地标。在设计上它完美地体现了霍华德的"田园城市"规划理论，广场外径 300 米（含路宽），内径 220 米，占地面积 70686 平方米，6 条道路以广场环岛为中心呈放射状排列。从照片中可以看出，此时的"大同广场"刚刚完工不久，整个城市有很多地方都在建设中，彼时广场周围人员车辆并不多，"满洲国"的交通尊奉"左侧通行"，这一点在照片中可以清楚地看到。广场周边建筑都是伪满洲国最重要的行政、电信和金融机构，是"新京"投入量最大的建设区域。

图 2 中左侧的建筑是"满洲电信电话株式会社"，它建成于 1935 年，设计师叫岩田敬二郎，这里是伪满洲国电信、广播网络的中枢。从空中俯瞰该楼呈凹字形，地上四层、地下一层，大楼顶的三个塔楼和长城雉堞式的女儿墙非常有特色。此外，大楼门前的一对带翅膀的石狮子非常有特色。长春著名文史专家于泾生前曾告诉笔者，这个动物在日语里写作"狛"，这种造型的镇门兽为"新京"独有。1935 年 12 月，就在这栋大楼里开通了"新京"

图 2 "大同广场"附近之一

图 3 "大同广场"附近之二

至巴黎的国际电报业务，这在当时又是一项电信领域的先进事业。

图2和图3拼接起来，在拼接处可以看到一个钢结构框架的"希腊神殿"式的建筑，而它就是著名的"满洲国中央银行"。1932年3月15日，"满洲国中央银行"成立，它所拥有的100多家分支机构遍布伪满洲国各地。

"满洲国中央银行"大楼是一处带有多立克柱廊的新古典主义建筑，地上4层，地下2层，它于1934年4月22日动工，1938年8月6日主体落成。该楼使用钢材5000吨，费用大大超过最初600万"满洲国圆"的预算，是"新京"工期最长、耗资最大的建筑。该建筑由著名设计师西村好时设计，在此之前西村曾在日本国内完成多个银行和证券所的设计，而在完成"满洲国中央银行"后，又设计了台湾银行台北本部，两处建筑上是能够看出个人风格的切近之处的。

"满洲国中央银行"表面葺有大块的花岗岩，看上去就像一个由石头所建造起来的神殿。按设计要求，"满洲国中央银行"大楼的建筑主体是要能够承受重火力武器的攻击和轰炸的，因此施工方采用了钢筋混凝土结构浇筑的更为稳定的营造方式。由于整栋大楼能够耐火防震、防御空袭，所以"满洲国中央银行"在主体建好时被冠以"亚洲第一坚固建筑"之称。1948年，东北"剿匪"总部副总司令郑洞国就是在此东北野战军投降的。

除了坚固的外壳，银行的内部设备也相当先进，它有自己独立的发电设备和供水系统，受到攻击只要关好门窗，它就是个"自在自维"的坚固堡垒。大厅里有巨大的石柱，写字台与长椅都是意大利进口的"雕塑专用大理石"雕成，于泾老师告诉笔者，这种石材当年被称为"云石"。而银行的金库大门的厚度也让人咋舌，它是从美国进口的，路上的运输和最后的安装都是大费周章。如今八十多年过去，银行大厅还基本保留着原貌，感兴趣的读者可找机会进去参观一下。

需要提醒一下，图3最左侧"大同广场"的"圆心"位置，能看出来"满洲国水准原点的基石"已设置完毕，其实，它就是"满洲国"的圆心。1945年，苏联红军出兵东北，进入长春后毁坏了这个水准原点，并在原址上修建了苏联红军烈士纪念塔。时至今日"苏军纪念塔"已矗立在广场上七十多年，很多长春市民已不知道这段掌故了。

图 4 拍的是在建中的"新京""兴安大路",也就是今天长春市内的西安大路。"兴安大路"起自"大同广场"向西北方向直至桥外兴安广场(西安广场),终点是大房身机场候机楼,这个机场在当时称"新京飞机场"。"兴安大路"在当年是一条非常重要的城市干道,中间会串起"丰乐路"(今重庆路)——"新京"最重要的金融娱乐街、同治街(今同志街)和兴亚大街(今建设街)等重要的街路。沿路两侧建的多是商住两用的小洋楼,一座高尔夫球场和"新京赛马场"也在"兴安大路"一侧;"新京卫生技术厂"和"新京千早医院"坐落在兴安桥外,它们在后来合并为一家非常著名的企业("新京千早医院"成了它的宿舍),而这家企业就是鼎鼎大名的长春生物制品研究所。

此时"兴安大路"两侧的建筑还未建完,但"兴安大路"本身已经建完,马路是三段式的,两边辅路也很宽阔,主路上的两块绿化带面积也很大。当年的道路设计者还是很有眼光的,后来,长春这些老城区主路的拓宽主要依靠缩窄或取消绿化带来完成的。此外,看得仔细的读者会发现马路两侧有路灯却不见电线杆,对,电线已全部埋入地下,在 20 世纪 30 年代把城市路政

图 4 建设中的"兴安大路"

做成这样，实属先进。

照片中间突兀耸起的一个很高的建筑，那个是"新发屯水塔"，照片右侧有一座"纪念碑"式的高大建筑，它就是"新京忠灵塔"。

图 5 是义和路上拍到的街景，远处的高大建筑是前面提到的"满洲国国务院"，这是它的后立面。马路右侧一大片的联排别墅，都是附近某个衙门官吏的住宅，其中一个小院子里还有一群孩子蹲在地上玩耍，按快门的一瞬，孩子们被永远定格其中。"新京"的城市特点归结为"大马路，两行树，圆广场，小别墅"，而这片住宅区就是对"小别墅"的最好诠释。这种住宅走进去都是宽大的红松地板铺地，走廊里的楼梯也是木头的，踏上去的声音是发空的，非常容易形成回声，而这完全是亲身体验才能知晓的。笔者小时候，长春所到之处有太多类似的社区，而今能如照片里这样形成规模的老高档住宅区已经一处都没有了。

图 6 为"日本桥通"，就是今天长春的胜利大街。不同的是，这里是"满铁附属地"时期所营造的，当年长春"满铁附属地"的范围从今天的长春站

图 5　义和路街景

图6 "日本桥通"

到胜利公园。日本人在此建设了邮局、警署、银行、煤气公司、报馆、加油站、公园、市役所（相当于附属地的政府）等机构。

　　1900年，因为闹义和团，沙俄政府以保护侨民为借口出兵占领了整个东北。1905年，通过日俄战争日本战胜俄国后，东北绝大部分权益还给了清廷，日本则得到了"关东州"和东北各大城市铁路（火车站）的附属地，也就是"满铁附属地"。而为了保护这些利益，日本军部向这些地区派驻了军队——"关东军"。

　　"日本桥通"就身处"满铁附属地"。其建于1909年，初始名称为"东斜街"，1922年后，改称"日本桥通"，1948年改称"胜利大街"。当年日升栈、电业会社、横滨正金银行、金泰洋行等商业与金融机构都汇聚在这条街上。从照片里一家商店屋顶写着的"大正堂商店新京支店"店名来看，这已是1932年以后的街景了。

　　图7为伪满洲国时期的"吉野町"，即后来的长江路——它曾是长春最

图 7 "吉野町"

热闹的步行街。"吉野町"是 1908 年在"满铁附属地"里建成的，是一条长 1500 米、宽 15 米的道路。"一战"结束后，世界经济逐步恢复，在 20 世纪 20 年代，这条街变得热闹起来，日本各类商家到此落脚做生意，形成了以小二楼为主的商街模样。其中包括服装店、鞋帽店、餐饮酒馆、西餐咖啡、医疗诊所，还有大量的日杂百货、钟表眼镜等商家，其中著名的商铺有"八千代酒馆""桃园酒屋""藤田洋行""鹿谷齿科""藤田运动器具"等，此外"吉野町"与"东三马路"交会处的"长春座"是长春的第一家电影院。

"吉野町"虽然路不宽，但因店铺林立——特别是每到夜晚，铃兰灯亮起的时候（老照片中可以看见的那种路灯，因造型独特酷似"铃兰花"而被世人记住），整条街道人头攒动，完全是一幅灯红酒绿的景观，所以在伪满洲国时，这里常被称为"新京的银座"。

关于这条街，笔者有非常亲切的回忆，但那却是 20 世纪 80 年代的"长江路"了，彼时长江路是人头攒动的步行街，它相当于长春的"王府井"。

各种好吃的好玩的都汇聚于此，有马忠烧饼、开封灌汤包、天津包子、北方锅烙，其中"迎宾楼"饭店门口挂着四个幌儿，而著名的"乌苏里餐厅"在很长时间内是长春唯一的一家俄式西餐厅。此外，"长江影都""时光照相馆""宏光理发店""秋林公司"也都在这条街上，这让长江路成为一条市井气息极为浓厚的老街，可以说在物质文明还不发达的那段岁月里，每个长春人都有关于长江路的幸福回忆……这条长春"人气第一"的商业街到1992年时，在"原有破旧的店铺与现代化国际性城市要求极不相称"的理由下开始改造，结果工程拖拖拉拉地搞得那叫一个久远。慢慢地大家对它的文化认同与心理认同渐趋消失，一条旺街的魂魄就那么消散了，再也聚拢不起来了。后来，长江路算是彻底改造完了，但已是"冷清"的代言。这条街前后巨大的落差让很多老长春们嗟叹不已，现而今不要说"铃兰灯"无从寻觅，就是笔者小时候的长江路也无从寻觅，什么叫神飞杳杳，什么叫徒具形骸，观瞻此街的流变即可。

图8是"满洲国"时期"新京"大马路的样貌。从大马路到七马路，那里是长春老商埠地的所在。"大马路"完工于1909年，其商业基础雄厚，历史建筑众多，街路两侧店铺林立，钱庄、百货、日杂、药店、布店、鞋帽店、建材铺等有400余家，彼时在此做买卖的人多来自河北。

现在长春人比较熟悉的"大马路"上老字号有"泰发合"（后来的"市一百"）、"鼎丰真糕点"、"东发合"茶庄（后老建筑被拆除，茶庄搬至东四马路与老市场胡同交会处）等。此外，老商埠内的多条马路间有若干胡同相连接，其中最著名的一条是"新民胡同"，由于"回宝珍饺子馆"就坐落在胡同里，所以那里是笔者小时候印象最深的一个地方……可以说，就民族工商业而言，"大马路"是长春近代城市发展中最浓墨重彩的一笔。

图9拍的是"南岭战迹纪念碑"。长春南岭兵营，又称南大营（今亚泰大街与繁荣路交叉口附近），曾是长春建营最早、占地最大、驻军数量最多的军事驻地，它建于1907年。

1931年，九一八事变爆发，沈阳沦陷七小时后，日军向长春南大营发起攻击，却出乎意料地遭到了中国军队顽强抵抗。双方交战九小时，虽然日军最终占领了南大营，但也付出了伤亡近百人的代价。这是一场非常惨烈的战

图 8　大马路

图9 "南岭战迹纪念碑"

斗，它也成为九一八事变之初，作战时间最长、两军伤亡最大的一次战斗。长春学者孙彦平在整理《盛京时报》时，发现当时中国战死军警人数达171人。与此同时，长春的另一处兵营——宽城子兵营驻军也在顽强抵抗，而且日军伤亡惨重，熊川小队长被击毙。战后日本档案记载："在满洲事变的首次攻击中，战斗最为激烈的是长春附近的南岭及宽城子。"

战后，日军在长春分别建造了南岭兵营和宽城子兵营的"战迹纪念碑"，这张照片是"南岭战迹纪念碑"。不过，后来的岁月里它们都被拆除了，甚至连拆除的时间都查不到了。2011年9月18日，"长春南大营旧址陈列馆"正式对公众开放，如果"南岭战迹纪念碑"能被保留下来，作为有力的物证胜过千言万语。

图10所拍摄的是"新京忠灵塔"，此建筑在长春市康平街三角广场的西北方，今天绝大多数长春人已不知它的存在，但在20世纪30年代，这座塔可是个"国家级"的大工程。它是日本及"满洲国"政府为了祭祀自"满洲

图 10　"新京忠灵塔"

事变"以来"尽忠殉国烈士之英灵"所建。该塔为钢筋混凝土结构，建在石砌的塔基之上，顶部为重檐四角攒尖顶，塔身通高 38.6 米，并以大理石敷面，阴刻着"忠灵塔"三个大字。在整体风格上"忠灵塔"具有东方传统的屋檐造型手法，当初此塔的设计方案是经过竞标产生的，最后采用了日本横滨的设计师雪野元吉的作品。在塔的最底层，是一个庙宇式的塔堂，前端开有三洞半圆形的拱门，其他三边各有象征性的一个半圆拱洞，其实它就是将"纪念碑"和"灵堂"整合为一体的一处建筑。此外，塔前有一尊铜铸的"灵牛"，牛背上有东亚地图，刻意突出的是伪满洲国疆域；在塔的东南侧，建有一座"手洗亭"，为祭拜时净手所用。在"新京忠灵塔"周围建有一个占地三万平方米的广场，广场里有铺设着白色石子的甬路及带状绿地。这里每年都有二十多次大大小小的例行祭祀活动，最重要的是 5 月 30 日的春祭和 9 月 18 日的秋祭。春祭的时候，溥仪是要亲临祭拜的；而秋祭时，一般是派遣侍从武官代为祭拜。此塔在当年是一处标志性建筑，它也被印在许多明信片上，尤其有一张著名的照片抓拍到一架飞机从它的身边飞过……1945年"新京忠灵塔"塔身局部被毁，1952年塔体被拆除。

六

研习历史有一个很重要的作用，就是提升我们的眼界，很多事情经过理性的研究一定会产生更大的力量。

2000年，笔者拿着装着胶片的尼康FM2去拍摄"日满军人会馆"旧址，只因为那个下午逆光比较厉害，所以连一次快门都没按——那栋建筑非常漂亮，虎皮色瓷砖、花岗岩砌的蘑菇石、欧洲城堡式的建筑风格。1937年溥杰和嵯峨浩婚礼的答谢宴就在这里举行的——结果过了一个星期再去，正好遭遇它被拆除。在现场笔者看得心惊肉跳，发出了"拆楼的速度比快门都快"的感慨，于是一下子就提速了自己关于记录此类建筑的工作，同时尽最大努力为保护这些老建筑鼓与呼。作为一个重要的研究门类，它极大地丰富了我，可以说这些关于历史和建筑的知识都是一点点攒出来的。老建筑被拆除了一定的数量后，事情也终于迎来了从量到质的转变，最近几年感觉到很多人对老建筑的态度转变了，参与保护的人明显多了起来。此外，那个时期一些有重大历史意义和建筑价值的旧址可以被宣布为"全国重点文物保护单位"了，而这在过去是不可想象的。

（原载《老照片》第133辑，2020年10月出版）

图说泰山山轿

王　凯

　　泰山登山盘路蜿蜒曲折，更有十八盘这样的险要地段。游客如果没有勇气和体力，还真难以到达顶峰。早在宋代，苏辙就发出过"天门四十里，预恐双足废"的慨叹。在宋代已经出现了泰山舆夫的记载，明清大盛，成为仕宦登岱最常用之交通工具。至清末民初，"泰安业此者，不下数十家"。

　　据泰安清真寺街老人讲，山轿有硬轿和软轿之分，颠与不颠之别。所以，从前轿夫要问坐轿的，是坐硬的还是坐软的，或者问坐颠的还是不颠的。价钱自然也不一样。硬轿与软轿或颠与不颠的区别，轿杠最关键；不颠的山轿，轿子两侧的轿杠是圆木杆，颠的山轿两侧的轿杠则是扁担。而一般硬轿近似一个没有腿的扶手椅，有靠背，座位是木头的，空间小，不适于走盘路上山顶（图1）。

　　软轿则近似一个篮子，人坐在用绳编结成的半圆形网上，兜着屁股。在座位的前横框上有脚踏，在轿子的两侧各有一条扁担（或两条扁担捆绑）做轿杠，轿杠的前后端，各有一条用牛皮做的"轿袢"，把它斜挎在肩上，用来保持平衡或做辅助用力（图2）。

　　清代袁枚的《登岱歌》这样描述乘坐山轿登山："土人结绳木为篮，命我偃卧同春蚕。两人负之若走蟹，横行之上声喃喃。"此诗用"木篮""走蟹"形象生动地描绘了山轿的形制、轿夫登山的"之"字形攀登路线。黄炎培先生在1916年版《泰山·弁言》中也说道："络索以坐客，两人舁之，横行如蟹，山顶寒甚，中秋夜步，已御大裘，他时可想。"两个轿夫在陡峭的盘道上，以"之"字形的路线攀登，这样既省力，又使客人感到平稳。"横行之上声

图1 这是日本20世纪20年代出版的明信片。四个人抬硬轿的方式很少见。这明显是一张摆拍照，坐轿人很神气，而轿夫并不轻松，特别是前面抬轿的小个子，看样子还没成年，压得肩膀不舒服，用手臂扶住杠子，以减轻肩头压力。图中的两座石头房子面积不小，颇类西洋建筑。看后面的小山应该是蒿里山，泰安火车站就在西洋建筑位置。路边树上刷上了石灰，说明民国时期对泰山树木也采取了保护措施

喃喃"是指抬轿行山中，将沿路山谷平夷，吟为歌诀，以为协同照应。譬如在桥上遇人时便喝"人在桥上走""水在桥下流"之类。游客可以在山顶"御大裘"，而轿夫一年四季，只能一身短打，以避免影响视线而踏空石阶，也防止踩到裤脚而绊倒。即便冬季的棉裤，也必须挽过膝盖，以便于迈步。轿夫们大多懂一点外语，能和外国人做简单交流。在抬轿过程中，遇到景点，还要给客人做介绍，轿夫实际还兼有导游的职能。轿夫里面还有女轿夫，专门抬大户人家的家眷、小姐的，力气不输汉子。

客人要下轿欣赏风景或用茶点，轿夫这时也往往乘机解下煎饼包和水壶，喝点水垫垫饥，稍事休息。休息后起轿，后面的轿夫先把皮裘斜挎肩上，前面的轿杆着地，这样前低后高，以利客人落座。然后，前面的轿夫起身，轿子随之抬高，平稳前行。

轿夫的来源，一部分是泰安城东胜街、清真寺街的回族居民，约有百人，

图 2　这张民国时期的照片，为了突出轿子里的外国妇人，把轿夫放在镜头之外
了。山轿中的妇人特地铺了自己的一条大毛巾或者毛毯，既为了干净，又为了保暖。
她手上戴着一副白手套，高跟皮鞋踩在了山轿的脚踏上。穿着高跟皮鞋，不适合
登山，看来她从山脚下，甚至从城里就坐上山轿了

图3 20世纪二三十年代日本人拍摄的山轿在十八盘的照片。那时的十八盘岩石裸露，显得十分荒凉。从照片看，应该在春夏之交，坐轿的还戴着礼帽，穿着长衫，而轿夫已经光着膀子了。坐轿的人体重较大，兜子下坠很明显，轿夫一前一后走得稳当，但明显有疲劳的感觉。傅斯年当年坐山轿上泰山，因为体重，轿夫跟他索要了双份的工钱

图4 这是20世纪20年代经日本第三师团审定、大桥发行的《曲阜泰山绘叶书》明信片，反映从五大夫松到朝阳洞段坐山轿上山的情景。这一段山路陡峭，而山轿已经占满盘道，这种情况必须有人指挥，轿夫统一行动才行，否则，一旦一个人脚下被绊，坐轿的就会出现意外

图5 这张民国时期照片的拍摄地点，据泰山管委会赵波平先生考证，应在四槐树。目前，那里是个很陡的盘路，看盘路的地基，的确有一块是从房基的基础上建的。照片里，西装革履的外国人与光着膀子的轿夫形成了鲜明的对比。在外国人身后正在吃煎饼的轿夫，脖子上挂着一个小葫芦水壶，而另一个轿夫在很愉快地在与外国人合影

图6 这是一张美国《国家地理》1945年6月号刊登的玛丽·奥古斯塔·马利（Mary Augusta Mullikin）描写泰山的文章中的插图，拍摄地点在十八盘下。从图片看，马利在山轿里休息，而在一旁不但有休息的轿夫，还有等活儿的轿夫，如果拉不到活儿，这家人的晚饭可能就没有着落了

图7　这是《中国事变画报》的一张插图。日本侵略者安逸地坐在轿子里，轿夫脸上明显有惊恐的神色

以沙姓、林姓居多；一部分是泰安城东关、北关一带的汉族居民，也近百人。这是专业轿夫的基本队伍。每年从大年初一到三月底，是各地的善男信女上山进香还愿的高峰期，也是轿夫最为繁忙的季节。年初一到正月十五，惯例是给双倍的工钱，甚至更多。不少穷苦的轿夫要等过了十五后才能回家"过年"。尽管轿夫的轿资不算太低，但由于太不稳定，所以他们的生活都比较贫困。在20世纪二三十年代是市价每人每天大洋一块五毛。如客人在山上

Tai shan　　　Der heilige Berg von Schantung

Tien- M. KRIPPENDORFF -Tsin.

图 8　这是一张反映清末外交活动的明信片，拍摄地点在云步桥。据泰山学院田芬老师初步考证：这张明信片是德国驻华领事的助手（现在叫一秘）MKrippendorff 寄给意大利 Genova 地区的 R.M.Manfredi 的，时间是 1911 年 11 月 17 日，这个人一直到 1922 年还在天津。从照片看，MKrippendorff 的布棚明显比其他山轿大，他坐在前面，后面还有一人，估计是翻译。轿子外面站有一人，明显是随从。泰安知县及夫人、县衙的一干人在观看云步桥飞瀑，总兵在一旁严阵以待。再往上看，轿夫很多，兵也不少。其中有一个光着膀子的黑人很扎眼，估计是 MKrippendorff 的随从。这张照片不仅让我们看到了不同的山轿，还较为直观地了解了清末泰安外事活动的场景，十分难得！

过夜，要另加工钱或赏钱、饭钱等。

　　泰山轿夫没有严格的行业组织，只有一个大家推选出的"头儿"。据清真寺街耆老法德宝（2019年九十七岁归真）九十四岁时回忆，民国时轿夫的头儿叫沙永春（一说叫沙有财）。他负责轿行与外界、官方的联络，以及召集轿夫、组织发排"官轿"、负责修配山轿上损坏的零部件等事务。"头儿"的下面有"轿头"，再下面还有"分头"，他们也都是大家推举的，主要负责敛"头儿钱"（揽到活儿的轿夫，每天需要交一角钱）。轿夫觅活儿，少量的由"头儿"分派，大部分是自己到火车站附近客店比较集中的地方招徕，还有的在岱庙门前等客雇轿。轿夫之间也是互相帮助、互相接济，很少有因抢活争利而吵嘴打架的事。所以，泰山轿夫赢得了人们的尊重，也受到广泛的同情和赞赏。清朝末年，泰安知县徐宗干曾写过一首诗《山舆行》，有"我今复记泰山铭，舆夫之功数第一"句。

　　泰山轿夫是泰安人自强不息的缩影，他们吃苦耐劳、勇攀高峰的精神给泰山写下了浓重的一笔。陡峭的山路上，轿夫抬着游客，不紧不慢，坐轿的随着轿子一颠一颠的节奏欣赏着美景。这种慢节奏的坐轿登山，想来应该十分悠哉，但坐山轿毕竟有欺压人之嫌，冯玉祥先生在20世纪30年代作《山轿》诗一首，抒发对轿夫的同情和对坐轿逍遥者的不满："一劳苦，一逍遥，抬的坐的皆同胞。"并作出了构想："大名山，电车造，凡事都应用科学。"如今，泰山索道凌空飞渡，冯先生的梦想已变成现实。但泰山轿夫1929年抬蒋介石宋美龄上山、1932年找回国际联盟代表李顿爵士镶有宝石的珍贵手杖、1957年苏联专家坐轿上山引发的外交风波的种种故事，是不会随着时间的流逝而被人遗忘的。

　　今天的泰山已然没有了山轿，但我仍然觉得泰山有保留几顶山轿的必要：盘道之上，有体力不支的老人，也有扭伤脚的游客，如果有山轿，他们就能得到必要的休息和保护。既然泰安能保留挑山工，为什么就不能容几顶山轿存在呢？

　　　　　　　　　　　　　　（原载《老照片》第131辑，2020年6月出版）

1945年英国人眼中的成都

刘　鹏

　　这本1945年由英国伦敦B. T. Batsford有限公司出版的《中国画册》收录一百零四张照片，照片虽然已经泛黄，但装帧考究，图片印刷精美。照片拍摄者是一位名叫齐尔·比顿（Cecil Beaton）的英国摄影师，全面抗战期间，他被派往中国，途经四川、云南、湖南、江西、福建、浙江、江苏、山东等地拍摄，汇集成册。齐尔·比顿在书的导言中介绍了拍摄经历，写道：

　　　　中国八年反侵略战争期间，照片记录了未被占领区的画面，从中可以看到本质不变的中国精神。在一所剧院的幕后，他们戴着奇妙的头饰，穿着戏剧服装，在混乱和肮脏中，他们像宗教法衣一样受到尊敬。细看这些图画，你也许会发现，中国人的骨子里都有戏剧的天赋。中国人民为生存而进行的不懈努力，近乎疯狂的劳动创造了一个奇异的田园诗般的景象……

　　今天向大家介绍的，是一组齐尔·比顿途经四川时拍摄的照片。当时抗战已近尾声，但大片国土依然沦陷，四川是大后方，有三百五十万军人出川参战，六十四万人伤亡，为抗战提供财力和物力的支持。

川剧正在上演

　　图1、图2拍摄于四川某地的一座简陋戏园子内，一场精彩演出正在上

演，从墙上悬挂的牌子看，写着"全部岳飞"，应该是剧目《岳飞传》。这座戏园子为二层楼，摄影师在台上、在昏暗的灯光下面对观众拍摄。有意思的是，不仅楼上楼下坐满观众，就连舞台一侧也坐满了人。一名十岁左右的男童坐在一张八仙桌上，在聚精会神地观看，连摄影师拍照的闪光灯也没有引起他的注意，可想而知节目是多么精彩。川剧的成型大约在清代乾隆年间。此时中国古代的昆腔、弋阳腔、秦腔和二黄腔传入四川，与四川本土的"川戏"

图1　戏台下的观众

图2 戏台上的演员

相融合，逐渐形成了真正意义上的川剧。到清末，川剧的影响遍及整个四川，甚至在云南、贵州、湖北也拥有大量观众。辛亥革命后，川剧艺术延续了发展的势头，在成都的发展尤为兴盛。

　　1912年，川剧艺人联合八个戏班的一百多位演员和琴师、鼓师，组建了四川第一个川剧艺人自治的组织"三庆会"，最盛时"三庆会"达到三百多人，促进了川剧艺术发展。1913年，成都还成立了"教育会"，也致力于川剧革新，经常演出以时事为内容的新戏，被称为"时装戏"。四川各地的戏班也开始改组，重组为实力强、阵容整齐、有一定影响的新班子，如重庆地区的"义泰班""新民社"的扩大重组。川东地区各县"跑码头"流动演出戏班也合并重组，川北则经过重组，出现了"十合班"等。由于川剧繁荣，相应出现了培养演员的科班。据统计，全省较有影响的科班就有近二十家，为川剧培养了大批后备人才，尤其是培养出了女演员（之前川剧没有女演员）。民间的"玩友"和"围鼓"等票友组织更是遍布全省，不计其数。抗战时期，川

图3 茶馆

剧演出异常活跃，地处大后方的川剧界人士积极投入抗日救亡热潮之中，各种抗战剧目、歌颂民族气节抵御外来侵略的传统剧目在全川广泛演出，鼓舞了民众及抗日军人的意志。

成都的茶馆

图 3 为摄影师在成都市一家茶馆所拍摄，可谓人满为患，民生世相巧妙地浓缩于方寸之间，仿佛昨日。作为"天府之国"腹地的成都，茶馆便是这座城市悠闲慢节奏生活的最好注脚。对很多成都人来说，坐茶馆已成为人们生活的重要内容之一，他们的一天是从喝早茶开始的。早起老茶客们便去坐茶馆了，他们呼吸着早晨的清新空气，茶客一起神聊，摆上龙门阵。待到茶水白了，方才神清气爽地回家。民国时期著名民主人士黄炎培到访成都时，曾写有一首打油诗描绘当地的"茶客"，其中两句是："一个人无事大街数石板，两个人进茶铺从早坐到晚。"可见，在绝大多数成都人眼中，茶馆是他们人生记忆中最刻骨铭心的场景。

成都人爱好饮茶，远近闻名。在成都，茶馆还是重要的公共场所之一。据《成都通览》记载，清末民初成都街巷共计 516 条，而茶馆就有 454 家，几乎每条街巷都有分布；20 世纪 30 年代中期，成都共有茶馆 599 家，每天茶客多达 12 万人，而当时全市人口还不到 60 万人。如今，成都的茶馆更是星罗棋布，大大小小，不下数千家，"喝在成都"的美誉也因此蜚声中外，以至于有人把成都茶馆与巴黎酒吧、维也纳咖啡馆并列称为"世界之饮"。

玩具、纸钱店

20 世纪 40 年代，在成都市内一家出售玩具百货和葬礼饰品的店铺前，一对男女幼童正在玩耍。这时，恰巧摄影师齐尔·比顿路过这里，他用生硬的中国话呼喊，示意这对孩童在店铺前转过身来面对他的镜头。这对中国孩童显然没有见过外国人和他手里拿的家伙，照相的神情和身后的店铺就这样被照片（图 4）永久地保留下来，穿越半个多世纪的时空，呈现在我们面前。

图 4　卖玩具、殡葬用品的小店

图5　废弃寺庙里的幼儿园，幼儿在吃饭

令人感兴趣的是，这家店铺同时出售玩具百货和葬礼饰品，墙上挂着玩具枪、羽毛扇和出殡用的纸人、纸花等，现在看来令人不可理解，可在当时人们却习以为常。

对于那个时代的中国人来说，生与死的概念似乎是混沌不清的，也是不可分割的。一个人从出生之时起，就进入了早已被社会规范好的秩序里，一切都是按部就班的，没有也不需要清晰的自我；而"死亡崇拜"又深入文化的根基里，"死者为大"，当一个人死后，在阴间仍可"享受"阳间的一切物质生活。通过生者操办隆重的丧事、置办豪华的殡葬饰品，来为死者满足这一心愿。由此，中国绵延上千年的厚葬风俗就变得根深蒂固了。

寺庙里的"幼稚园"

摄影师齐尔·比顿选取了老成都市内的一所寺庙为拍摄背景，把寺庙内幼稚园这一民生世相巧妙地浓缩在方寸之间。照片（图5）反映了抗日战争期间，成都地方幼儿教育条件的简陋状况，竟然把寺庙作为办园用房。"蒙养院"，民国十二年（1923）实行新学制，更名"幼稚园"，招收三至六岁幼儿入园进行学前教育。照片里的孩子们，在众佛的注视与保佑里安然进餐，也未尝不是一种幸福吧！

（原载《老照片》第148辑，2023年4月出版）

烟台恤养院影存

谭金土

　　近年来，在上海灵石路古玩市场分三次收藏了一批烟台恤养院拍摄于民国三十六年（1947）的老照片。照片规格为 20.6cm×15.8cm，每张上面都标注了文字说明，画面十分清晰，应是当地照相馆拍摄制作。这批照片虽然不全，但基本上反映了烟台恤养院当年的规模、范围和运作形式。

　　烟台恤养院成立三周年时（1936）曾出版过一本《世界红卍字会烟台分会恤养院三周年纪念册》，介绍了烟台恤养院的开创简史："中华民国十一年，红卍字会中华总会成立，中华民国十五年五月，烟台红卍字会成立，十八年成立孤儿院，十九年总会指示孤儿院改为恤养院，二十二年八月正式开幕。"也就是说，烟台恤养院是属于烟台红卍字会下的一个慈善机构，它由原来的孤儿院扩大范围后改名为恤养院，烟台恤养院成立于1930年。

　　《纪念册》里介绍说：烟台恤养院院址位于烟台南山路上，"民国十九年，借定刘董事云程别墅，夏四月着手修葺，并建筑正门三间。二十年，复刘董事，就院内西部仍由本院自行建筑楼房十四间，此年八月二十八日刘客死旅顺。二十一年，其子文德以二万六千元半价让出院址。二十二年，于院内东部南崖建筑楼房三十二间，平房六间"。这是烟台恤养院初创时期的规模。

　　烟台红卍字会成立后，在1929年组建四个业务部门：一、孤儿院筹备处（后改名为恤养院），专门收养十二岁以下父母不全、家庭贫困的孤儿、婴儿，抚恤社会上的残老、产妇、嫠妇；二、平粜局，廉价出售成品粮食，照顾贫困户；三、施诊所，免费为贫困户治病施药；四、育德小学，对社会上生活贫苦的儿童，免收学杂费，入学读书。在这四个部门中，在社会上影

图1　烟台恤养院残老之一部

图2　烟台恤养院出品部会计室

响较大的是烟台恤养院。其间，恤养院先后三次扩收，三年来收养人员共计246人，其中孤儿136人、婴儿12人、残疾老赢30人、孕妇68人，不住院而按月领取救济金的残疾老赢66人、产妇157人，合计469人。

从1933年8月烟台恤养院三周年纪念会开幕，到1947年秋，又过去了十四个年头。1947年秋；烟台恤养院是个什么样貌？正是这批照片要告诉人们的。在这十四个年头里，烟台和各地一样，经历了民国黄金发展期，遭受了日军长达七年多的占领，1945年8月24日，八路军第一次解放了烟台，1947年10月1日，国民党军队重新占领了烟台，一年后的1948年10月15日，解放军第二次解放了烟台。烟台人民遭受过日本的侵略、战争的灾难，烟台恤养院也在这历史的磨难中艰难存在，并有所发展，庇护着烟台地区的孤老残幼，可以说烟台恤养院奏响的是人间大爱的慈悲曲，值得纪念。同时，我们也应当缅怀为创办烟台恤养院付出辛劳的董事长澹台玉田和长期来为烟台恤养院呕心沥血的院长褚文郁等诸位先辈。

澹台玉田（1872—1959），芝罘岛上的大疃村人，名宝莲，字玉田，又字盛冲。曾参与烟台辛亥革命活动，任烟台军政分府财政部副部长。1914年起，连续被选为烟台商会第四、五、七届会长。1916年后，热心烟台的教育事业，发起成立烟台镇教育会，1923年任烟台平民学校校长。1928年任烟台红卍字会会长时，创立烟台恤养院，任董事会董事长。1938年日军侵占烟台，他退出商会，但依然热心社会公益事业。1959年病逝。

褚文郁（1890—1957），字宗周，山东省海阳县西坊坞村，毕业于北平朝阳大学法律系，1917年赴烟台办《爱国报》，兼理律师业务。虽与澹台玉田有矛盾，但仍接受了澹台玉田董事长对他的烟台恤养院副院长的任命，因院长多病，他一直承担着恤养院的日常事务，多方集资募款，甚至变卖家财维持院中开销。日军占领烟台后他主办的《胶东卍报》（原《爱国报》）停刊，遂将印刷厂移入恤养院，创办了恤养院印刷厂。在任职烟台恤养院院长的20多年中，他与孤儿相处情同父子，宛如家人。他责成子女与孤儿同膳宿、共学习。孤儿有病，他心急如焚，常彻夜守护，残老亡故，亲自为他们穿寿衣送终。真正做到了以恤养院为家，以孤儿残老为亲。

烟台恤养院十分重视对收容的儿童、孤残孩子的教育，分别设有低年级

图3　烟台恤养院董事长澹台玉田

和高年级教学班,让孩子们学文化,学技艺。恤养院设有诊疗所、理发室、食堂、浴室、体育场等,有统一的服装供应,宿舍整洁,生活设施一应齐全。为了提高弃婴的生存率,1934年,褚文郁派人去北平香山慈幼院学习哺乳和护理方法,改善了收容条件,婴儿死亡率由40%下降到15%。

　　日军侵占烟台后,恤养院的经费来源枯竭,为了恤养院的生存,更为到达出院年龄的孤儿谋生,他们先后办起工厂、农场、牧场、果园、商店、银号等二十余处,让大龄孤儿参加生产以解决经费困难。褚文郁还筹资3万元成立孤儿工业出品部。设置机织厂、缝纫厂、木工厂、针织厂、印刷厂等,后增设纺织厂、毛织厂、铁工厂、中西服装厂、中西制鞋厂、糕点厂等。他们的新产品实行自产自销,在烟台市区十字街、市府街(后迁至朝阳街)、北大街成立了三个分销处,展出孤儿产品并负责门市销售。到了1943年,

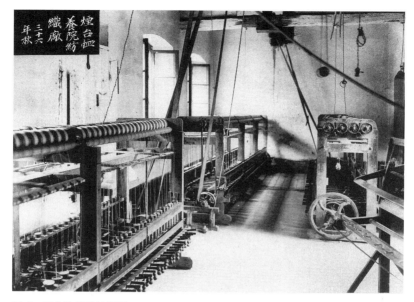

图 4　烟台恤养院纺织厂

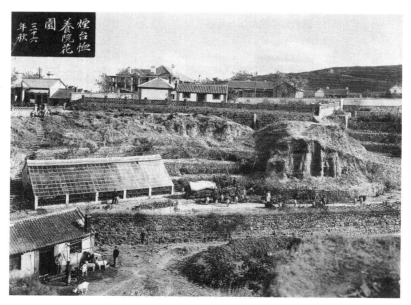

图 5　烟台恤养院花园

图6　烟台恤养院孤儿工业出品第三分销处

图7　烟台恤养院教养部学生作业成绩

图8　烟台恤养院西履厂

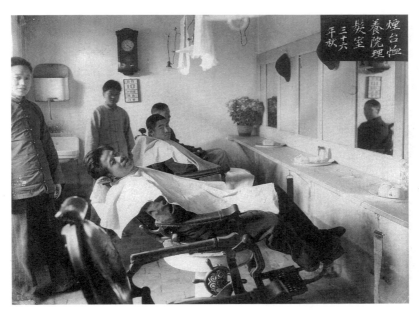

图 9　烟台恤养院理发室

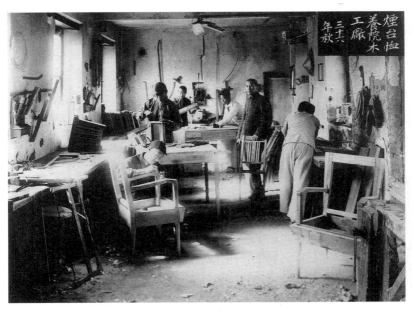

图 10　烟台恤养院木工厂

图 11　烟台恤养院牧畜场

图 12　烟台恤养院男生浴室

图 13　烟台恤养院男生餐室之一

图 14　烟台恤养院教养部低年级教室之一

图 15　烟台恤养院农场收获甘薯

图 16　烟台恤养院农场之深耕

图 17　烟台恤养院女生寝室之一

图 18　烟台恤养院印刷厂

图 19　烟台恤养院幼稚生寝室

图 20　烟台恤养院针织厂

图 21 烟台恤养院诊疗室

图 22 烟台恤养院制粉厂

恤养院做到了自足自给。并不断改善院内人员的生活条件，更让孤儿在学习之余，学习各种工艺，以备出院后，到社会上能自谋生活。

恤养院规定，农历八月初一这一天为孤儿年满十八周岁的出院日，每年举行一次出院典礼。已出院的孤儿也在这一天回院探望，聚餐庆祝，所以也叫回家节。为孤儿成年后的成家立业，恤养院还接兑了一个银号，成立孤儿储蓄银行，为每个孤儿建立账户，将他们在恤养院的各工厂劳动所得存储在个人账户中。恤养院在东山购地75亩，建起孤儿村，为结婚的孤儿有家可归，有房可住。

1944年前后，又在福山宫家岛购置耕地400余亩及2000亩沙荒，在西沙旺建立100亩果园和30多亩菜园，成立了农务科，开展农业生产。

文字再多，不如历史影像看得更直观清晰，或许读者可以从烟台恤养院留存的这些历史图像读出更多的信息和感慨。

1948年10月，烟台第二次解放，烟台市人民政府将恤养院作为民政局所辖的管理单位。1954年9月，烟台市各界人民大会决定更名恤养院为"烟台市生产教养院"，褚文郁续任副院长，继续致力于社会福利事业。褚文郁1956年被选为烟台市政协副主席，1957年2月19日病逝。

1959年，烟台市生产教养院更名为社会福利院。

（注：本文在撰写过程中参考了烟台市档案局编研处的资料《烟台恤养院的历史变迁》及其他相关资料，在此致谢）

（原载《老照片》第111辑，2017年2月出版，稍有修订）

1954 年：街拍北京

——东德共产党代表镜头里的新中国

李　洁

　　1954 年 10 月 1 日，为了庆祝中华人民共和国成立五周年，中共中央邀请了九个社会主义国家的代表团前来北京参加庆典。云志艺术馆收藏的这本相册，其原主人是民主德国（东德）代表团的某位成员。

　　这本相册里还保存着几件难得一见的实物，如"庆祝中华人民共和国国庆节筹备委员会"的大红请柬，请此人于 10 月 1 日上午 10 时"光临"天安门参加阅兵式和群众庆祝游行；再如国庆观礼台上的绿缎胸条，上面标明其座位在"左台，第贰陆捌叁号"；还有时任军委通信部部长兼国家电信工业局局长的王诤招其于"公历九月廿五日（星期六）下午五点半钟"到"西长安街全聚德饭庄"的请柬（图 1）。虽无从知晓相册主人的姓名与官职，但看这几件实物，即可窥知此人与新中国的某种特殊关系。

　　1954 年的德国共产党，亦即 1946 年以后的德国统一社会党。在 1990 年 10 月东德并入西德（联邦德国）之前，统一社会党是社会主义德国的唯一执政党。

　　东德和我国一样，都是 1949 年 10 月才建立的新国家，而且是在废墟上重建的国家。但是，东德建国仅四年，每个出访者就有一部照相机了（图 2），而且，相册的主人还拥有一部 mini 型相机，可见同属社会主义国家，东德的物质文明已经远超兄弟国家。

　　难能可贵的是，在华访问期间，相册的主人还用他的袖珍相机，无所顾忌地在旅游景点和大街上随手拍照，把中国最大的两座城市的真实风貌定格在了胶片上。从专业角度看，他的照片说不上有多考究，而且洗印和保存得也不够好。但是，从记录真相、保存历史的意义上翻阅这些照片，可以清晰

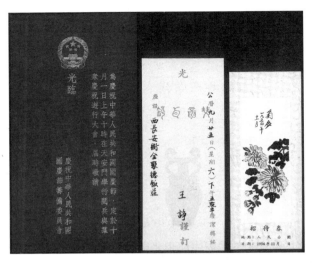

图1 请柬

地看到共和国初期京沪市民的真实生活状态。

　　这里展示的是北京的部分照片。

　　位于长安街和王府大街交叉口的北京饭店，当年是中国最高档的宾馆。1952年，为了迎接两年后的国庆五周年大庆，接待空前之众的"社会主义大家庭"国家的贵宾，政务院总理周恩来亲自审定了北京饭店的扩建工程。1954年上半年，北京饭店扩建工程竣工。金秋，前来参加共和国五周年庆典的各国来宾，就住进了焕然一新的北京饭店（图3）。

　　那时的长安街，还跑着民国时期的有轨电车。北京饭店前，有个车站。饭店前的长安街上，骑行者众，步行者稀，行驶中的汽车只有远处的一辆。骑行者又分骑自行车者与蹬三轮车者。看骑自行车的男子和坐三轮车的女子的穿戴，个个都像是"公家人"。唯一的步行者是个军人。

　　那时的交通信号灯，就立在马路边上，而且，三色灯下还有两个警铃，一个是人拽的吊钟，一个是电控的警铃。那会儿的交警，既要根据车辆的方向手按电钮以决定红、黄、绿灯的变化，又要敲钟或按铃提醒行人注意车辆。城市里行人看信号过路口是近几十年才有的事儿。从前，只有驾驶员才按信

图2 在北京颐和园，相册的主人（左一后立者）与本代表团的人合影留念

图3 远望焕然一新的北京饭店

图 4　北京饭店主楼正门前的人们

号灯行止。好在那会儿车很少。

　　照片上的这些人，现在若仍在世，都已是耄耋长者矣。他们当年能想到六十多年后的长安街，会被汽车堵成什么样吗？

　　行人走到北京饭店主楼正门前，可以随时驻足围观，等着看贵宾们的出现（图4）。对照近日报纸的报道和图片，他们或会看到几个熟悉的面孔。彼时虽然从"旧社会"走进"新社会"仅五年，但社会稳定状况可窥一斑。

　　从这些人的衣着看，他们多是上班一族，而非无业的胡同串子。

　　初抵北京的外人，哪有不先看天安门的？（图5）这位摄影者和他的同志们当然不能例外。从他们下榻的北京饭店，到新中国的政治中心天安门和中南海，步行只需十几分钟。

　　1949年10月1日毛泽东在城楼上宣布中华人民共和国中央人民政府成立，从此，天安门成了新中国最具政治意义的标志性建筑。

　　注意到了吗？天安门城楼正门之上，只悬着国徽，没有毛泽东的画像。

图5　天安门前

而且，城楼上的红柱之间，也没有垂着灯笼。看来，拍摄者来天安门拍照的这一天，是9月下旬的某个日子，当时，节庆的布置还没启动。

在某个景区里，他们遇上了一个劳动的场面，一群男子正在打夯。画面上那么多的古树表明，这里曾是北京城里的某个皇家禁苑。（图6）

三个僧尼走过镜头前。至于其中的两位以扇遮面，是遮挡阳光，还是在遮挡外国人的镜头，不好说。（图7）

显然，这是拍摄者在街头抓拍的一张青年团员们合影前的瞬间（图8）。

前排已经就地坐好的和立着的女子们，大都笑逐颜开。她们都剪着时尚的齐耳短发，身穿制服，上衣口袋都别着钢笔，显示出是新时代的知识分子。

看到了吗？有个正对镜头的女子，即上装翻出白领的那位，她穿的就是时尚的"列宁服"。该款女装是"一边倒"的新中国城市女性最心仪的时装，说是革命导师列宁生前经常穿的一种双排扣并带腰带的西式上衣。到了60年代，随着中苏关系迅速冷却，"列宁服"也不再有人穿。

此人的身边，是一位烫着头发、穿着旗袍的少妇，她的神情与装束与其

图6　正在打夯的男子

图 7　三个僧尼

图 8　青年团员的合影

他人并不相融，倒是颇有民国范儿。这让人想起傅作义将军的女儿傅冬菊等中共地下党员，1949 年以后，她们融入了体制内，但生活习惯一时难以改变。

后排是举着团旗并立的男青年们。

看这张照片，难免想起小说家王蒙写于同时期的成名作《青春万岁》。

看得出，相册的主人非常喜欢孩子，不然，他的相册里不会有那么多少

图 9　正在表演的孩子

年儿童的照片。

这似是在一个被安排参观的幼儿园拍摄的照片（图9）。幼儿园的小朋友们正在为外宾表演舞蹈。

看幼儿园的楼舍、凉亭、草坪，再看孩子们和阿姨的装束，你就会知道，这是一所高等级的幼儿园。

出现在他照片上的这些孩子们，现在都是七八十岁的老人矣！

这应该是拍摄者路遇的一队幼儿园的孩子（图10）。这家幼儿园，无论保育员还是孩子，都是统一着装，而且，保育员居然还穿着皮鞋！要知道，六十多年前，大部分人穿不起皮鞋。

在昔日的皇家园林里，他们又遇上一队可爱的孩子。还是统一着装的小朋友。他举起了相机对准了孩子，孩子们则朝他举起了小手，不知是在模仿少先队员向他敬礼，还是在向这位外国爷爷挥手说再见？（图11）

竹制小推车里的男孩儿要喝牛奶，坐在门口的女童则口含冰糕。这位大姐姐，和两个幼童的年龄差得太大，似是带孩子的保姆。看这家门口的标识，

图10　保育员和孩子们

图 11　统一着装的孩子们

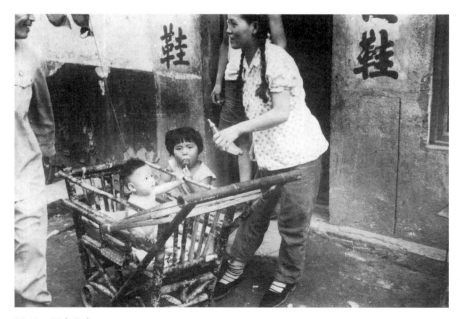

图 12　两个儿童

可知这或是鞋店老板的两个孩子。（图12）

　　姐姐的发式，正是中国少女几十年不变的标准发式，即中分或斜分，两边各梳一条长辫。中国少女的长辫子，一直要保持到结婚，才可以剪掉并盘发或烫发。直到70年代末期，改革开放以后，少女们才让自己的发型与服装多样起来。

　　男童（图13）与女童（图14），从穿戴与所在地看，应该是老北京城里普通百姓家的孩子。瞅着长相奇怪的外宾，面对瞄向自己的照相机，他与她都有些羞涩地笑了。

　　让半个多世纪后的笔者颇感意外的是，镜头里的中国儿童，无论是在幼儿园的小朋友，还是居家"散养"的孩童，个个都是衣着整洁、营养良好的样子。

　　观察北京，不能不去逛大街，尤其是前门（图15）。那儿，才是老北京人气最旺的商业街。而且，逛北京，还不能不去串胡同，胡同才是体察古都

图13　男童

图14　女童

图15　前门大街

民情的最佳地点。

　　好在北京饭店身后就有最地道的北京胡同。一条条胡同次第排列，除了有几座紧闭不开的"广亮大门"乃旧时富豪与今时政要的住宅，其余的那些"如意门"里住着的都是普通百姓。

　　相册的主人前前后后转了大街转胡同，拍了很多市井影像。从北京饭店，到东单大街，拐弯就是。去前门大街，也方便得很，出门南行，不到两公里的路，步行的话，溜溜达达，半个钟头足够。

　　1954年9月刚刚公布的《中华人民共和国宪法》，明文写上了"过渡时期的总路线"，亦即"三大改造"——用十五年的时间，把农业国改造成工业国；对手工业和资本主义工商业进行社会主义改造。镜头里的前门大街，确实要用"繁荣昌盛"来形容。

　　街上有公交车，也有载了客的三轮车，但都很难前行，因为街上密密麻麻的全是行人。

图 16　前门街景之一

图 17　前门街景之二

近景处，这位刚买了新暖水瓶要回家，那位白胡子老爷子则拉住报贩在选买报纸。（图16）

国庆节前，新中国首都商业街的人气，旺得能让老外蒙圈儿吧？招幌鳞次栉比，顾客摩肩接踵。各色人中，多是穿中山装的"公家人"，也有佩戴胸章的军人，当时，军人的白布胸章上印着两行黑字：中国人民解放军。（图17）

中西合璧的建筑，形形色色的商店。"公私合营"之前的沿街商店，大都由私人居家经营。（图18）

大街上有看不完的光景（图19、图20）。

三轮车即当时的出租车，有高低档之分。高档的是三轮自行车，坐垫和靠背是皮革包裹的软席，座席之上有可收放的遮阳（雨）篷（图21）。低档的是人力车，是硬板坐垫和靠背，而且，轮子是铁轮外裹一层胶皮，可想而知，坐在上面，并不舒服。

图18　前门街景之三

图 19　前门街景之四

图 20　前门街景之五

图 21　疾驰的三轮车

图 22　人力车

图 23 骡马车

　　两轮的人力车，旧称洋车或东洋车，因系清末从日本传入而得名。（图22）老舍的名篇《骆驼祥子》，写的就是一个叫祥子的北平两轮人力车伕的苦难人生。三轮车普及以后，两轮车逐渐退出城市街头。但相册的主人告诉我们：至少在 1954 年下半年，两轮的人力车还在京城的街头运营着。

　　北京城里的民间运输工具，分为牲畜拉的牲口车和人拉的地排车。牲口，是汉语对被驯化并役使的骡、马、驴、牛的统称。不过，人们习惯上把在城市役使的家畜拉的车，都叫成马车。这是因为有的车伕为了提高车的动力，常以骡、马、驴混搭。图 23 即是骡与驴搭配的马车。

　　牲口车也分高低档。好的马车，是胶皮充气轮，通常配备一至两匹，有时甚至是三匹牲口。低档的马车，则是木轮＋铁箍的旧式马车，配备的是一头马力较小的驴。

　　车把式行走于闹市的神态，也因自家车的档次而表现出来。

　　在没有完善的污水处理系统工程的时代，居民的粪便都是靠专业的掏粪

图 24 运粪便的驴车

图 25 地排车

工和运粪驴车上门处理的。（图24）

北京城里，比雇用牲口车更省钱的运输工具是人拉的地排车。地排车，因其车身有一排木楞而得名，俗称大车。从这张照片（图25）可以窥知，无论大街上还是胡同里，人拉大车都是一道风景，不过，这是一道让人感到辛酸的风景——在生产力水平低下的六十多年前，人们为了生存，不得不拖拉着如此沉重的货物跋涉在京城的大街小巷。

中国人的吃，也让德国人大感兴趣。相册里，就保存着不少与吃有关的照片。一帮北京爷们儿在街头吃饭，大锅里也许就是让外人看得目瞪口呆的卤煮火烧吧？（图26）

这个鞋匠身后，就是一家肉饼铺。肉饼是北京人爱吃的主荤合一的食物。（图27）

在粮食短缺的时代，糖炒栗子一直是城里人补充体能的重要辅食。（图28）

相册的主人，还拍摄了许多北京市民的生活场面。

图26　街头吃饭

图 27　肉饼铺和鞋匠

图 28　糖炒栗子

图 29　街头剃头

图 30　铁匠

图 31　街头小贩

图 32　闲坐的大爷们

图 33　进城的农民

街头剃头，是城市最常见的风景。比之门外旋转着两个螺旋形上升的红蓝色带的理发店，收费很少的剃头摊儿更受市民的青睐。彼时的剃头匠，不仅会剃头和刮脸，而且还会按摩脑袋和肩膀，堪称一专多能。（图29）

　　那时候，每个城市人家过日子，都离不开铁匠的帮衬：磨剪刀、抢菜刀、做烟筒、锻打火钩子和煤铲子，哪样儿离得开铁匠？至于沿街游走的铁匠的那一声"磨剪子来——抢菜刀——"的揽活儿叫喊声，更是城市街头交响曲中最嘹亮的一支短曲。（图30）

　　推着小车卖货的小商贩（图31）和黄昏中闲坐在大街上的京城老爷们儿（图32），都勾画出老北京的种种京味。

　　从穿戴上看，这是一位进城的河北省的农民（图33）。在还没有严格户口管理的时代，农民进城生活与定居是寻常之事。

　　相册里的北京照片还有很多，笔者只能选出部分照片予以诠释。

　　德共代表团离开北京之后，去了上海。不过，那是另一种风景和另一个题目了。

（原载《老照片》第145辑，2022年10月出版）

1954 年：街拍上海

——东德共产党代表团镜头里的新中国

李　洁

　　1954 年 10 月，参加中华人民共和国成立五周年庆典的德意志民主共和国（简称"民主德国"或"东德"）代表团一行五人，在游览了北京以后，即被东道主安排去了上海。

　　上海是中国乃至亚洲的第一大都市，因曾有西方人经营的租界，故清末时即被国人称为"十里洋场"。20 世纪 20 年代末与 30 年代初，总部在莫斯科的共产国际（第三国际）在"华洋杂处"的上海设立了远东局，因为国共分裂之后，中共中央就从国民党政权所在的武汉秘密迁至上海的租界里。远东局的负责人曾由莫斯科派出的德国共产党人担任，因而，德国共产党人对远东第一大都市的特殊感情自不待言。

　　中共中央和远东局同在上海时期，远在闽西的中共第一武装力量——中国工农红军第四军（简称"红四军"，亦称"朱毛红军"，后称"中央红军"），曾派遣新当选的前委书记潜入上海，向中央和远东局汇报工作。十几日后，这位年轻的特使奉命返回红四军，向军长朱德和军政的负责同志们传达了中央的指令：毛泽东重返红四军任前委书记，他回任军政治部主任，从而使毛泽东成为中共武装力量的第一责任人，并使"党指挥枪"的中共建军原则得以确立。这位红四军的特使，便是后来的新中国第一任上海市市长陈毅，二十多年后，不知他是否出面接待过德国代表团的同志们。

　　在上海游览的日子里，东德代表团中的一员、即在北京街拍的那位谢顶的同志，又用相机拍下了远东第一大城市的风貌。

从拍摄者保存的照片看，他们一行，被东道主安排在一座高层的豪华宾馆里下榻。

上海的顶级高层宾馆，当时只有两座，即矗立在外滩都刚好二十年的国际饭店和上海大厦。

国际饭店（图1），是上海首批入选"中国20世纪建筑遗产"的唯一建筑。它是由有着传奇经历的匈牙利人拉斯洛·邬达克所设计。此人在奥匈帝国时毕业于建筑设计专业，一战时不得不应征入伍，稀里糊涂地成了俄军的战俘。在西伯利亚服役期间，俄国爆发了"十月革命"，战俘们趁乱溃逃，其捷径就是先到中国的哈尔滨，然后再抵达大连、青岛、上海等沿海城市。邬达克正是循着这条路线到了有"冒险家乐园"之称的上海。他以伪造的身份进入了美国人的建筑设计事务所，并很快以其杰出的成果让业内信服。随后，他自己成立了事务所，十几年后，竟成为上海滩第一建筑设计师！"十里洋场"有超过一百座建筑出自他的蓝图，而其中最著名的、即落成于1934年的Park Hotel，后改名国际饭店。该巨厦濒临黄浦江，地面有二十四层，高度超过八十米，其"亚洲第一高楼"的纪录一直保持到20世纪80年代后期。上海老友董扬兄告诉我这样一句老上海人都会说的俗语："抬起头看（国际饭店），帽子也会落脱。"可见该巨厦之气魄，早就让人叹为观止。

与国际饭店齐名的是上海大厦（图2）。

这也是一座1934年落成的豪华宾馆，由英国著名的建筑设计师弗兰赛设计，原名Broadway Mansions，中国人音译为"百老汇"。七十六米高的上海大厦，与身下的苏州河口的外白渡桥，构成了大上海的主要地理标志。1951年上海市人民政府将百老汇改名为上海大厦。

外白渡桥初建于清同治年间，原为木桥，光绪年间改为钢铁结构的新型大桥，长约一百三十七米。该桥从设计到钢材，均为英国人包揽，其桥梁技术为当时世界一流。苏州河汇入黄浦江处，有里外之分。白渡，一说是"摆渡"的误写，一说是因过桥不收费让人白渡而得名。

老照片定格的不止是巍峨的巨厦，还有地面上的交通信息。

图1　上海国际饭店

图2 上海大厦和外白渡桥

图3 宾馆停车场的小型客车，几乎是清一色的美国别克牌高档轿车

看图1可知，彼时，各类型的机动车都可以驶入上海闹市区。而且，所有的车，全是大洋彼岸舶来的美国货——有克莱斯勒公司制造的吉普车，有通用公司制造的别克轿车和大卡车，还有道奇公司制造的公交车。

这张照片上的车，无论大小，多是二战期间美国研制并出口到各盟国的交通工具。二战结束后至共和国成立之初，中国对美国汽车的依赖，不言而喻。须知，新中国的第一辆国产车，是1958年才从长春汽车制造厂大门驶出的。

图3显然是拍摄者自高层宾馆的窗口向地面的停车场俯拍的。这张照片，让我们更看清了当年接待宾客的高档轿车，也是一色的美国制造。除中间一辆美国吉普之外，其他轿车，均为别克牌。须知，民国时期，别克是中国最畅销的高档轿车，政界权贵和商界大佬，无不以高档别克轿车为座驾。现在南京的"美龄宫"里就陈列着"民国第一夫人"宋美龄当年的别克专车。躲在天津日租界的逊清皇帝溥仪的"御车"也是别克。上海的"周公馆"里也陈列着一辆周恩来当年的同品牌的专车，那是华侨赠送给中共

图4　从汽车里看国际饭店

图 5　沿江马路和上海大厦

图 6　外滩的上海海关大楼等建筑

代表团的。

图4和图5可以让人读出更多的交通信息。

从照片上看，前车即小卧车，应为贵宾车队的头车，摄影者乘坐在第二辆车的后排座上。从他的镜头里，我们可以窥知当时小型汽车的有关信息。

因为当时的制造技术不能让玻璃呈弧形，所以，无论大小车辆，前挡风玻璃全都由两方平板玻璃拼接组成。至于汽车的转向指示器，则是副驾驶座上方的箭头形铁家伙。该箭头中间嵌着上绿下红两块塑料片。拐弯时，司机要用右手将箭头扳向左或右；而街中央的警察（车外箭头右侧立者），则靠目测每辆车上的转向箭头来判断并指挥车辆行进的方向。

车前方的巨厦，即上海国际饭店。

图5告诉我们，那时上海最主要的马路上，地面没有交通标识线。路边的电线杆上，喷着给司机们看的"顺序行车，依次前进"的大字。大多数行人按规矩在画面右侧的人行道上行走，但随意横穿马路者不在少数。

从大街上人数之多来看，这应该是个星期天。不然，大街上不会有这么

图7　繁华的南京路

图 8　老永安和新永安（七重天）及附近的民居

多的人！

左侧，即江岸一侧，似是停车场，小型客车、自行车、三轮车都停在那里。

正前方，就是被上海人习惯称作"百老汇"的上海大厦。

图 6 会让我们看出上海的市政管理水平和市民的素质，确实高于其他很多城市——恁多的地排车，整整齐齐地排列在马路左侧。细看方知，这些人力车，轮胎全都是充气的！

而且，这本相册里，不像北京那样，大街上有那么多的牲口车往来穿梭。

因为下榻在高层建筑，而且，也登上过其他高楼俯瞰市容，所以，拍摄者的相册里有不少张"远东第一都市"的繁华风貌。

图 7 是举世闻名的"远东第一商业街"——上海南京路。

由近至远，画面左下方的意大利风格的尖顶建筑，为建于 1926 年的金门饭店，即 1958 年因改为主要接待往返上海的华侨而改名的华侨饭店。不过，现在这家南京西路上的高档宾馆的名称，又改回了"金门"。

画面中部的浅色大厦，为 1936 年开张的著名的大新百货公司。"大新"曾是南京路上人气最旺的大型商场，但在全面抗战期间，元气大伤。至抗战胜利后，内战硝烟呛走了粤籍老板蔡昌，他把资金都转移去了香港，使这座著名的大型商场成了空壳。于是，1949 年之后，上海市人民政府在此创建了新中国第一家国营百货公司——国营上海百货公司（又称"中百""第一百货公司"）。

注意看，在"金门"和"大新"（"中百"）两大建筑之间的三层楼的一面墙上，亮着一方啤酒广告，但不是中国最有名的"青岛啤酒"，而是"烟台啤酒"，旁边四个小一点的字是"纯粹国产"。烟台啤酒，产自烟台醴泉啤酒厂，厂名得于孙中山在烟台张裕葡萄酒厂参观时题写的"品重醴泉"。该厂是两个胶东人创建于 1920 年的民族工业，曾自 30 年代始在上海乃至东南亚不惜工本进行营销，并以其淡味之品色打开了上海市场。而始建于 1902 年的青岛啤酒，则因产量所限，主要出口于欧美和提供给国内高端场所，故为其他品牌的啤酒留下了空间。进入新中国以后，烟台醴泉啤酒公司即被改造成公私合营的啤酒厂。

画面右上方的尖顶建筑，即新新百货公司。仔细看，"新新"两个大字还镶嵌在塔楼上。"新新"位于"先施"的西南,是两位粤籍华侨创办于民国十五年(1926)的著名商厦,其名出自中国儒家经典《大学》"苟日新,日日新"。设计师也是那位上海滩最有名的匈牙利籍建筑设计师邬达克。那座欧式建筑的顶部,是中国人自己创办的第一座民营广播电台,因四周以玻璃围饰而被上海人称为"玻璃电台"。1949 年 5 月 25 日清晨,在解放军先头部队已经挺进至南京路时,该电台被中共地下党领导的"上海人民保安队"所控制,并发出了"我们上海人民解放了"的第一道电波。

比新新公司更远的那座尖顶建筑,就是南京路上的四大公司中创建最早的先施百货公司。先施是清光绪二十六年(1900)由旅澳华商在香港开办的当时港九最大的百货公司,"先施"取自儒家经典《中庸》中的"先施以诚"。民国六年(1917)10 月 20 日,上海先施公司开业,其附属的东亚饭店也同日开业。那一天,顾客盈门,南京路为之堵塞,可知其人气之旺。

先施公司马路对面的那座尖顶建筑,就是永安百货公司。永安是粤籍侨商于民国七年(1918)稍晚于先施开办的六层商厦。为了在气势上压倒先施,十五年后,永安又在附近购地新建了二十二层的永安新厦,即画面(图 7)左上方的浅色高楼。新厦高度仅次于国际饭店,被上海人称作"七重天"。1949 年以后,上海人民广播电台就设在"七重天"楼上。永安公司在 1966 年被改名东方红百货商店,后叫过上海第十百货商店、华联商厦,现又改回了本名。

先施、永安、新新、大新这四大公司共同在上海南京路上构建起中国民族工商业的奇迹。

远方的天际线,有模糊的上海大厦。

再俯瞰南京路路面,上有很多辆款式相似的小轿车。也许,那正是当年的出租车。还有电车在铁轨上行驶着。

那时南京路上运营的交通工具,不光有小轿车和有轨电车,还有三轮车和自行车,这是摄自亨达利钟表行楼前的图 9 告诉我们的。

去过巴黎、伦敦、柏林等国际著名都市主要商业街的读者朋友都会知道,若论繁华盛况,中国上海的南京路不逊于那些世界名都。

现如今,约一千五百米长的南京路,已经改为步行街。没有车辆行驶的

图9　南京路上人来车往

图 10　尚未建防汛大堤的外滩江岸

图 11　黄浦江码头的捕鱼人及围观者

图 12　外滩的税务局检查站

图 13　直挂风帆到上海

图 14　停泊在海关大楼前的货船

图 15　运输棉纱的驳船驶向码头

图 16　和北方沿海地区不一样的是，上海的女人也使船，只不过从发型看，她们都是已婚妇女，且使的都是舢板而已

图 17　在江上讨生活的汉子，或会颠覆北方人对上海男人的普遍印象

商业街，成了购物者的天堂。

外滩的黄浦江岸（图10），当时还没建防汛大堤，哦，上海人称防汛墙。那时，黄浦江水近在路边，是逛累了的上海人和外地人休闲的地方。自1959年大堤修成后，每到晚上，漫长且幽暗的大堤上就成了恋爱者们成双成对挨在一起的隐秘之所。笔者20世纪80年代初次到上海出差时，曾被黄浦江边那么多躲在阴暗处的"谈对象的"吓了一跳。那会儿，绝大多数居民挤在狭小的房子里过活，路灯昏暗的黄浦江防汛墙就成了年轻人幽会的最佳去处。

没建"防汛墙"的时候，黄浦江边还是市民捞鱼的乐园。图11就是有人在码头上架网捞鱼。若非回头看镜头的那个少年脖子上系着红领巾，人们会忘了现在已经是新社会了。

无论在大街上行走或小憩的人，还是捕鱼人与围观者，从衣着上看，上

图18　中方安排东德代表团乘坐交通艇沿江观赏上海风光。细数乘船人，有五位外国人、十三位中国人。陪同人员之多，自然显示了东道主对兄弟党同志们的格外重视

图 19　画面右侧的这位谢了顶的中年男子，即东德代表团访华期间的摄影者。在上海，他与中方的主要接待官员及其孩童合影留念。近七十年过去了，他和陪同者应该早已作古。他怀抱着的幼童，如今也是七十四五岁的长者了

海人穿得都很体面。

税务局的检查站就设在江边（图12）。简易的办公室外，挂着"上海市人民政府税务局黄浦分局第六税务所外滩检查站"的木牌。画面上，坐着和蹲着的人都在怔怔地看着镜头，而两个理发匠正在给各自的顾客剃头，全然不知有洋人在自己身后"咔嚓"。

征税的对象，就是在江上往来的大小货船的船东。在大规模的公私合营运动之前，所有的船舶大多都属于私家所有。江面上，轮机船、风帆船和舢板等你来我往，摇橹划桨各使其船，倒也一派繁忙景象（图13—图16）。

江上的照片，是拍摄者在船上拍摄的。图17、图18表明，东德代表团既乘坐过轮机船，也乘坐过单人划桨的舢板。因为有了照相机，他们在陆上和江上，拍下了远东第一都市的景观。

拍摄者把照片珍藏在了相册里。时隔近七十年后，被我们看到了。从中我们知道了新中国初期北京与上海的真实风貌。

（图片由云志艺术馆提供，原载《老照片》第149辑，2023年6月出版）

安徽采石矶名胜旧影

刘　东

采石矶位于安徽省马鞍山市（旧为当涂县）长江之滨，因地势险峻、风光绮丽，而与南京燕子矶、岳阳城陵矶并称为"长江三矶"。相传这里能采拾到五彩石，故得名"采石矶"。而它更早的名字叫"牛渚矶"，传说在它的下面有个深不可测的洞穴，洞里住着金牛魔怪，时常兴风作浪，吞没江面上的船只，使无数人丧生，因此得名"牛渚"。金牛魔怪虽然不可信，但反映了这里险峻的地形，江流湍急，风浪汹涌。唐代大诗人李白有诗曰："海潮南去过浔阳，牛渚由来险马当。横江欲渡风波恶，一水牵愁万里长。"

因采石矶重要的地理位置、瑰丽的自然风光，历代文人墨客常游历于此，故这里也留下了较多的名胜古迹。本文介绍的这组老照片，拍摄于1954年，包括采石矶的太白祠、清风亭、然犀亭、三元洞、广济寺、观音阁、镇溪桥等名胜，是较为难得一见的影像资料。笔者结合相关史料，略加考证。

一、晚清彭玉麟重修太白祠

采石矶最重要的名胜当属纪念唐代大诗人李白的"李公青莲祠"，也称"太白祠"。李白不仅多次来过当涂采石矶，留下多首诗篇，更是终老于此。后世文人关于采石矶的诗句，多半会提及李白，而采石矶的太白祠、太白楼更是人们游览、追思的胜地。

公元762年，贫病交加的李白投奔时任当涂县令的从叔李阳冰，此时日渐病重的李白自知时日不多，将诗稿托付李阳冰编集。次年初，在李阳冰帮助下,《草堂集》十卷编成,李阳冰撰《草堂集序》。这年冬,李白病逝于当涂,时年六十三岁,葬于当涂县城南十里的龙山东麓,后迁县东南的青山之阳。

为纪念李白,唐代元和年间(806—820)采石矶太白祠始建,后多次毁于战火,又得以重修、复建。清廷平定太平天国后,长江巡阅使彭玉麟(1816—1890)推动并出资重修"太白祠",正门上方门额为"唐李公青莲祠"(图1)。祠内的主要建筑是太白楼,从照片中可以看到院墙内有一座飞檐翘角的重檐歇山顶式建筑,上层檐下悬一块匾额,书"谪仙楼"三字。

据民国时期的《当涂县志》记载:"唐李公青莲祠,在采石山五通殿左……咸丰时毁于兵燹,同治初由住持衲募建茅屋三间,光绪元年(1875)长江巡阅使彭玉麟捐资重建。中有楼屋三间,肖太白卧像,正殿三间,肖太白坐像。"这组照片中,不仅有唐李公青莲祠和太白楼外景,还有楼屋内的"太

图1　唐李公青莲祠

图 2　太白卧像

白卧像"（图 2），塑李白半躺侧卧于榻上，头戴官帽，脚蹬朝靴，长须浓黑，右手端握酒杯，刻画出"诗仙"的洒脱形象。

　　太白楼后有一亭，名曰"清风亭"（图 3）。从照片中可以看出是一木结构的六角亭，茅草顶。清风亭所在的院落虽不大，但院墙、花坛等修葺得很整齐，草地中间有砖石铺砌的路面，在那个年代算是一处不错的景点。

　　清代时，当涂县是太平府府治所在地，晚清时安徽学政、长江水师提督署等重要机构都曾设于此地。彭玉麟因长期指挥长江水师，与当涂有着很深的缘分。他捐资重建太白祠，太白楼内也保存有一方他所绘梅花及所作四首梅花诗的石刻。由于这层渊源，长江水师提督李成谋奉敕建彭刚直公祠于采石矶太白祠旁（图 4）。民国《当涂县志》载："彭刚直公祠在采石山麓太白楼左，即承天观遗址，祀清赠太子太保谥刚直彭公玉麟。先是光绪十三年（1887）水师提督李成谋奉敕建立彭公生祠，十六年（1890）公薨后，改为

图 3　清风亭

专祠。"从这张旧影中，能够比较清楚地看到，较远处的一个门洞上方有飞檐翘角的门楼，与图 1 对比，可以知道这是太白祠，而近处位置的这个门洞上方为牌楼式建筑，门前有一对抱鼓石，这正是彭刚直公祠。该门楼及抱鼓石仍存，现改为"李白纪念馆"的正门。

图 4　太白楼与彭刚直公祠

图 5　然犀亭

图6　然犀亭碑

图 7 俯视三元洞

二、然犀亭与三元洞

然犀亭位于采石矶南端，是一座碑亭。这张照片（图5）中，亭子为四方石柱亭，顶上的瓦片掉落了不少，显得较为破败。相传然犀亭始建于东晋，名将温峤至采石矶，听闻矶下有水怪，命部下燃犀牛角照之，水怪遂灭，后人建亭以纪念。另一张亭内石碑的照片（图6），可以看到碑上行书"然犀亭"三字，右侧书"光绪壬辰（1892年）秋月"，左下落款"李成谋书"。

李成谋（1830—1892）是第二任长江水师提督，任职时间为同治十一年（1872）至光绪十八年（1892），长达二十年之久。而长江水师提督署衙即在

图8　三元洞近景

图 9　广济寺

当涂县，因此当涂采石矶上的彭刚直公祠、然犀亭等都与李成谋有关，很多
胜迹皆为李成谋任期内建造或修复。

三元洞位于采石矶西侧江边，是采石矶上最大的天然石洞。《当涂县志》
记载："三官洞，一名'三元洞'，在采石翠螺山西麓，面临大江，康熙间
僧定如凿山开径，榻几炉灶皆天然石造，池阳太守喻成龙构阁一楹……依峭
壁，大江前横，凭轩纵目，使人意远。旧时石径险峻，沿坡有石栏数十丈为卫，
今栏已废，而磴（石阶）道宽平，游者不复有戒心矣。"这张从翠螺山顶向

下俯拍的照片（图7），拍出了三元洞临江峭壁的险峻，有阁一楹，往下是
蜿蜒陡峭的石台阶。另一张近景照片（图8），可以看到小阁门额书"三元洞"
三字，立于阁前岩石上眺望大江，甚为开阔壮观。

三、广济寺与观音阁

采石矶上最著名的寺庙是广济寺（图9），始建于三国东吴赤乌年间
（238—251）。有《广济寺》诗曰："船从山下过，直上见僧轩。系缆当矶石，

图 10　观音阁

图 11　观音阁念佛会

缘崖到寺门。短篱遮竹漾，危路踏松根。却看沧江底，帆归烟外昏。"

　　广济寺内的主要建筑是观音阁（图 10），也是现存广济寺仅剩的建筑。这张照片中，可以看到观音阁坐落位置较高，砖石砌筑基座，中部为多级台阶，正殿屋宇略显破败，左侧厢房白墙上书有"观音阁"三字。正殿右侧有对称的厢房，白墙上书"念佛会"三字（图 11），屋下还建有石雕护栏，山势较为陡峭。

图12　采石镇溪桥

四、采石镇街景

采石矶旁形成的市镇名曰"采石镇"，康熙《当涂县志》已有记载："采石镇，在县北二十五里，化洽乡。"镇内有驿站，名为"采石驿"。1976年，采石镇改为采石街道，现属马鞍山市，人口约一万人。

这张采石镇溪桥照片（图12），反映出当时采石镇的街景。古镇沿河而设，连排的房屋均建在岸上一侧，有平房，也有两层的楼房。桥头边的一栋两层楼房较为气派，门前聚拥着不少人，屋侧有招牌，应是一家货栈。不远处可见两座山峰，近处的河面上则架设着一座木桥，从桥下人的比例看，桥面距离河面大约十米，可以想见涨水期河水将会很深。河道中有几艘船只，岸边堆放着一些木材，有人顺着河岸上下，也有人在河边浣洗，充满着生活气息。

（原载《老照片》第143辑，2022年6月出版）

岁月台湾 1960

秦 风

1960 年，三十岁出头的美籍牧师薛培德（Barry Schuttler）来到中国台湾，从事传教工作，并协助物资救济。两年间，他走遍台湾贫困的山区、农村和海边。他喜欢摄影，四处拍照。随后，薛牧师转往韩国和中东等地，最后终老于美国故里。2010 年，薛牧师拍摄的台湾影像底片流出，由秦风老照片馆购藏，经整理有近五千张，其中三千张有关 1960 年的台湾，我们从中整理了六组老台湾的生活影像，今通过《老照片》与大家分享。

母亲的容颜

在子女众多的贫困年代，母亲的双肩上压着不可承受之重。当薛培德牧师观看台湾的土地和人物时，台湾母亲的各种形象，背着孩子的、辛苦劳动的、沉默的、微笑的，等等，无不吸引着他的目光，自然而然地成为他猎影的对象。

或许薛牧师并没有刻意以母亲为主题进行摄影创作，只是极其自然地在各个角落里留意到母亲们含辛茹苦的身影，并不自主地按下快门。

母性是人性至高的表现，是一切爱的原点，如同初春的阳光洒在冰雪上，带来温暖、生机。尽管薛牧师相机里的母亲形象有着人类共通的情感，然而对于生活在台湾这块土地的人们而言，母亲的背后还代表了那个年代艰困持家的深刻记忆。

没有家用电器：母亲只能依靠自己的双手。她是全家第一个起床的人，一生不知道"贪睡"的滋味？天方露白，就忙着起身烧火煮饭，接着到蓄水

喂孩子吃饭的妈妈
一名母亲工作之余，用筷子喂食背在后头的孩子，母亲嘴角的一丝笑意中有着无限的怜惜

阿嬷是母亲的母亲
一名背着孙子的阿嬷。由于儿女众多，有时从事劳动的母亲必须将幼儿交给阿嬷照顾，许多
孩子成长过程中，与阿嬷关系亲密，阿嬷终身劳作，满面风霜，既是母亲，更是母亲的母亲

挑煤的妈妈
来自矿工家庭的一位母亲，用扁筐装煤块，肩挑到他处，年幼的女儿在帮着妈妈铲煤，童稚的脸庞沾上乌黑的煤渣

浣衣的妈妈
几名妇女在溪边浣衣，传统母亲的角色除了养育子女，也要肩负沉重的家务。母亲坚实的背影，映着点点波光，令人动容

313

当缝纫工的妈妈
缝纫厂的女性工人，为了补贴家用，许多妇女必须投入工作，即使产后不久，也要背着婴儿回到工厂上班，没有生育补贴，亦无育婴假。母亲不仅是慈爱的象征，也是万般辛苦的代名词

槽或溪边洗成堆的衣服，由于反复搓揉浸水的衣服，她们手掌变粗，手臂和腰部酸痛，直到全身麻痹；然后，提着菜篮到市场买菜，几毛几分地精打细算，不厌其烦地讨价还价。回到家再煮午餐、烧开水、打扫、缝衣服、煮晚餐，在黑夜降临时呼喊仍在外头玩耍的孩子们回家吃饭……

没有足够的家用：母亲必须帮忙照顾丈夫家里的生意，哪怕是手搬肩挑的粗活，或在夜市摆小吃和水果摊。如果家里没自己的买卖，就到工厂做缝纫工，即使孩子出生才几个月，也得自己背着，没有育婴假，没有特别津贴，只有卖命劳作。

没有教育背景：孩子们放学回家，母亲催着孩子们做功课。当孩子们得意地展示着从学校带回家的奖状，或拿出成绩单得意地说："我考了一百分噢！"母亲脸上立刻绽放如莲花般笑容；如果孩子们成绩单上的数字不好，甚至偷藏着成绩单，或假造家长的签名，母亲发现后会气到掉眼泪，拿起棍

无言的母爱
一名年轻的母亲用花布将孩子裹在背后，装载了自己无限的爱意。母亲朴实的身影，坚毅的脸庞以及充满安全感的孩子，优美祥和的画面，犹如一阙永恒的生命乐章

唱歌仔戏的妈妈
一名以表演传统歌仔戏为生的母亲，在后台带着两个孩子。歌仔戏班应各地庙会
之邀，到处巡回演出，母亲只能带着孩子四处奔波，稍为年长的孩子有时也会加
入母亲的工作，粉墨登场，帮忙挣几分钱

子打孩子，边打边哭，哭完后，开始想怎样从窘迫的家用中再挤出一些钱来，让孩子去补习。母亲大多没有教育背景，没有能力自己教功课，只能拎着礼物登门请老师多帮忙。孩子参加联考那一天，母亲准备了草席、小椅子、扇子、面包、橘子、开水，以及那句反复的问话："考得怎么样？"孩子最后考上或落榜，母亲的欣喜和失望甚至超过孩子，因为她多么希望孩子们获得她不曾拥有的……

街边哺乳的妈妈
一名母亲与友人一边交谈一边哺乳。公开哺乳对她们来说已轻松平常，社会也习以为常。通常妇女与友人坐在街边闲聊，婴儿偶有哭闹，即喂乳安之，母亲角色即此，无人见怪

卖菠萝的妈妈
一名母亲背着孩子在夜市卖菠萝。工作中的母亲，无论是在工厂上班，或在市场卖东西，都只能背着孩子劳作

　　有时候，我们会很惊讶那时代的母亲怎能熬过如此艰苦的日子？但她们真的熬过了。当她们的皮肤变粗、皱纹变深、容貌变老、行动变得迟缓时，成千上万的儿女已长大成人，成为社会的中坚。回首自己童年时，母亲坚毅的身影永远映在脑海里，永远带来温暖、关爱和力量。

　　非常感谢薛培德牧师当年独具慧眼，这些老照片必将成为一代台湾母亲的形象记录，不仅反映早年母亲们的生命历程，更唤醒了每一个人内心中的感念之情。

屋里屋外的童年

　　观看儿童的照片，常带来惊喜、错愕，甚至开怀大笑的感受。摄影师无需人为安排，只需捕捉到孩子们的自然表情，就能留下百看不厌的瞬间。

在薛培德牧师所拍摄的台湾人物中，儿童占了相当的比例。这并非他刻意为之的结果，因为那个年代儿童是那样地多，大街小巷地乱跑，触目皆是。薛牧师每到一个地方，都被一大群的孩子们围绕着。孩子们的各种状态自然就进入了他的镜头，从南到北，从城市到乡下，从室内到室外，一张张无邪的脸庞、一串串纯真的笑声化作了数百张儿童主题的照片。

　　大凡成年人被孩子们的照片所吸引，情感因素有二：一是看见人之初的纯真与讨喜；二是回想起自己的童年时光，忆起当年自己如何成长、如何看待这个世界，甚至进一步联想到当时的家人、同学、师长，以及读书考试的辛苦，追逐嬉闹的快乐，等等。因此，薛培德的儿童照片有两层价值：一是具有动人的儿童影像的普遍意义，放到世界各个角落都能激起共鸣；二是它们实际上记录了那个年代台湾孩子生活和学习的状态，是珍贵的影像文献。

　　今天台湾的中年一代看见这些照片时，内心震撼不已，因为他们看到的几乎就是当年的自己，仿佛影像倒带般，重新当回了"野孩子"，被站在门口的妈妈大声喊回家，然后低着头，既不情愿又得准备挨骂地慢慢蹓回去。在编辑此书的过程中，几位中壮年友人被邀请来辨识印证照片里的生活场景。面对这些照片时，他们旋即眼睛一闪，七嘴八舌："我当时就牵过牛！""我的妹妹、弟弟都是我背大的！""我小时候根本连鞋子都没有！""噢！这不就是我吗！"……关不住的话匣中，他们仿佛脸上皱纹不见了，白发变黑了，甚至连声音也变得清亮，脸颊跟着红润了。谁说时光隧道不存在呢？人的头脑向前飞翔，称为"梦想"；往后追踪，叫做"回忆"。在梦想与回忆之间，正是一条时光隧道，眼前的他们无意间触到了时光隧道的按钮，顿时回到孩提时代，也变回了当孩子时的模样。

　　那一段时光，贫穷是普遍存在的现象，乡下的孩子光着脚，穿着破旧的衣服，即使住在城市里，真正家境好的也很少。经济的困窘带来的问题是显而易见的，不少孩子存在营养不足的问题，很多孩子缴不起补习和郊游的费用。更糟的是，如果家境太差，甚至小学毕业后，就不再念书，挺着仍嫌稚嫩的身躯，帮家里种田、顾摊子，或到工厂做工。失学的不幸，是经济状况不好和教育政策缺失双重因素所造成的，只能随着经济发展和教育改革，在后二十年间快速地改善。

儿童围观旋转小汽车
一个流动商贩来到村里，孩子们围观着这少见的电动玩具。乡下的孩子们较少到城里，流动
商人带来了各种新奇的玩具和商品

整洁有礼的小学女生
金门一所小学高年级女生正在上课，虽是清贫年代，学生模样清秀，整洁有礼，散发着朝气。
教室前是新挖掘的战壕，这是一个十分特殊的战备防御工事

野地的童颜
台湾南部的早春，农村里的一群孩子耳闻外国访客到来，好奇地飞奔而出。镜头里远山、草地、春风以及闪亮的童颜，合奏出优美的生命诗章

晚上写功课
一名女学童晚间在家里客厅写功课。大人的藤椅被当成书桌，课本、笔记簿、铅笔盒为基本
的文具，旁边摆放着《公民训练》课本

工厂里的失学少年
一处铁工厂的童工在恶劣的条件下作业。由于家贫，不少孩子小学毕业后即被迫工作，失去教育的机会。尽管年纪尚小，因缺乏技能，往往只能从事体力劳动

帮家里看顾摊位的女童
一名女童帮家里照顾市场里的摊位，亲切地接待客人。在劳动阶层家庭中，儿童稍长，往往要帮忙家里的生计。尽管占去读书的时间，影响学习成绩，但有一部分孩子仍能在课业上有杰出的表现

吹气泡的惊叹
热闹的市集是孩子们最喜欢逛的地方之一，尤其市场里贩卖的玩具和小玩意更是吸引大批围观的孩童。吹泡泡总会带给孩子们无比的惊喜，一个个飞散空中的气泡，犹如点点金色的童年

帮家里照顾弟妹

一位姐姐背着小弟弟，对着镜头浅笑，含蓄中几分温柔。由于一般家庭子女众多，通常较大的孩子肩负照顾弟妹的责任，女孩子被赋予母亲的角色，背着幼小弟妹的情形，四处可见

儿时的玩伴
晚间屋外嬉戏的儿童。由于小孩子多，治安交通顾虑较少，一般大人会任由自己的孩子在屋外玩耍，孩子们放学，背包一搁，尽往外跑，直到吃饭时间才被喊回家。"儿时的玩伴"为早年习惯用语，而到了 20 世纪 80 年代后，孩子们多被锁进公寓居所里，几成历史名词了

开心的跳绳游戏
一群孩子玩着跳绳游戏，这是最常见的游戏之一，通常使用有弹性的橡皮筋，有几种玩法。
由于女生肢体柔软，往往跳得比男生好。跳绳虽是简单的游戏，却带来许多欢乐

帮家里放牛
一名女童牵着牛踏上回家的路。女童小不点的身躯牵着庞大的牛只，反映了农村生活艰辛的一面，无论男孩女孩均须帮忙农事，放牛为其中一项

　　另一方面，尽管早年物质匮乏，并不意味着精神上也是贫困的。没有高级住宅、家具、电器，却有着亲密的邻里关系；没有时髦的商店街，或是电动游乐场，却有着热闹的传统市场、夜市，以及一堆流动摊贩。更别说，一出门就有田地、树林、花鸟虫鱼。几个玩伴跑出去，就可以疯个大半天，精神上快乐得不得了。所谓的黄金童年，就是跟着同伴在门外、市场、田边、野外自由自在嬉闹的岁月。那样的童年里有着要好同伴的欢颜，有着难以忘怀的美好时光。

南部的阳光

　　在台湾，一般提到的"南部"，指的是嘉义、台南、高雄、屏东等七县市，那是行政辖区的南部。至于印象中的南部，则是成片的稻田，戴着斗笠的农妇，宽阔的城市道路，湿热的天气，以及永远普照大地的阳光。

简单说，南部就如同北部、中部那般，代表着一种氛围、一种气质：大太阳暴晒下的人们，身体健壮，热情好客，说话一句到底，绝不拐弯抹角。对于南部以外的人而言，关于南部的印象主要来自于生活与旅游的经验。譬如小学到高中的毕业旅行，常选择到恒春的垦丁公园，或是经过台南、高雄的几个景点。大学时期，"南部来的同学"大多穿着、谈吐纯朴，对人毫无心机。至于南部人自己，对南部土地的体验，早已自然而然地成为生命的一部分。从小到大旅游的路线中，总是包括几个固定的地方，如高雄的爱河、莲池潭、澄清湖、寿山、旗津、西子湾、美浓镇，台南的台南公园、安平古堡、亿载金城、乌山头水库、关仔岭的"水火同源"，嘉义的阿里山小火车和神木，屏东的三地门、鹅銮鼻、垦丁、佳乐水，等等，都是南部人成长时期的记忆。还有在游览车上的歌唱和讲笑话，窗外倒退的旖旎风光，以及在景区留下的许许多多的朴素笑容的合照。在每一趟旅途之间，总是掺杂着求学时期必有的成功和挫败、张扬和掩饰、高兴和沮丧……或喜或怒，或欢或悲，累积成

烈日下的台南农夫
台南县农地耕作的情景。烈日当空，广阔的嘉南平原一览无余，一群农夫踩在水田的烂泥里弯身插秧，汗流浃背的农事道尽了"谁知盘中餐，粒粒皆辛苦"的真谛

清澈美丽的高雄爱河
高雄市爱河的美景。爱河源于高雄县仁武乡，长约 12 公里。高雄市府坐落河边，其前身为日据时期高雄州州厅，建筑古典雅致，与河面舟楫相映成趣

到爱河边闲逛
一位父亲骑着脚踏车载着女儿到爱河边看船。爱河因穿越市区，寸步可及，许多市民闲逛至此，或观竹筏网捞，或眺十里港湾，心旷神怡

竹筏网捞的美景
由爱河远望高雄港。河面上散落着捕鱼的竹筏，渔获通常就在岸上交易。几分劳作，几分悠闲，画面极其优美，远处左边的玫瑰教堂颇富历史意蕴

坐牛车回家
台南县的一位母亲带着孩子们坐着牛车回家。牛车是农村最主要的运输和交通工具，每一个
孩子成长都包含了许许多多坐牛车的日子

除草和插秧
台南县几位农妇插秧时跪在水田中拔除杂草。烈日当空，农妇头戴斗笠，全身裹着衣服，以
防晒伤

休息中的农妇
屏东县一处农田，几名农妇完成插秧工作后，坐在田埂上。尽管农事艰苦异常，农妇却神态自若，鲜少倦意

美好的亲子时光
一名渔夫与孩子坐在竹筏上闲聊。温暖的冬阳，荡漾的水波，殷殷的话语，留下了多少美好的记忆

友善的农人

台湾南部一名农夫扶着耕犁对着访客露出友善的笑容。在农业机械化实现之前，农作均以人力和兽力为主，农夫用传统方式犁田，将土地弄得松软，以利于种子生长

含蓄的甜蜜

高雄市郊，一名男子骑脚踏车载着女孩。在保守的年代，女孩双手抄在口袋，身体与男子保持着距离，但两人之间却又流露着一丝含蓄的甜蜜

薛培德在高雄街头

一群孩子围过来，好奇地看着这位友善的外国朋友。此时路上车辆十分稀少，甚至脚踏车也只是三三两两而过，薛培德牧师驾驶的"金龟车"格外醒目

青涩的人生经验。

至于每天的生活,城市的孩子们骑脚踏车上学,假日走遍四周的大街小巷,看着楼房一间一间盖起来,而且楼层越来越高;乡下的孩子们则帮忙爸妈干活,野外放牛,背弟妹。一有空,少不了呼朋引伴,四处追逐嬉戏,仿佛到处都是儿童乐园。正是这种与大自然极其贴近的成长经历,培养出南部百姓强健的体魄与爽朗的个性。1969年起,台湾棒球运动兴起,南部的球队总是执牛耳。七县市推出少棒代表队,无论是来自台南或高雄,均虎虎生风,至于青少棒、青棒的美和队则来自屏东内埔。南部球队和球迷予人整体的印象,就是强打强投,斗志顽强。热情的球迷们不畏烈阳酷晒,总是挥着旗帜嘶声呐喊。

薛培德牧师在台湾工作期间,走过了南部的许多角落。作为台湾第二大都市的高雄,薛培德拍了许多爱河的照片,此时的高雄人口不多,街上车辆稀少,城市周边仍有着乡野气息。至于最大的民营钢铁厂唐荣铁工厂的工人脸庞,也进入了薛牧师的镜头里。南部作为台湾最主要粮产地的风情,自然吸引了摄影师的目光。就一定的意义上,薛牧师所拍摄台南县和屏东农业的种种细节,包括农家的生活风情、农民的精神面貌等,堪为这个时代记录最详细、质量最高的影像。这样的台湾南部的人事物,就如我们理解的种种形容词,如"炎热""绿意盎然""白浪冲洗着礁岩""阳光刺眼"等,那蓝天绿地中始终有着朴质百姓的身影。

大海的远方

台湾四面环海,除南投之外,每一个县份都有滨海的区域。海洋是如此地接近每一个人的住家,以至于骑一段脚踏车的路,就可以看见汪洋大海。

的确,大部分的人在生命的某一刻,都会走到海边,脱掉鞋子,把脚踩进柔软的沙子。烈阳高照,让人全身发烫,却阻挡不了人们戏水的兴奋与快乐。大海的辽阔让人心旷神怡,海滩信步之余,总不免凝望海天交际的远方,引发人生的梦想。到了夜晚,海风轻拂,树影摇曳,拍打沙滩的海浪声显得特别嘹亮。此时一片漆黑的茫茫大海,展现了巨大而神秘的力量,仿佛可以吞噬一切,让多彩的世界恢复到原始的混沌。

花莲海滩的年轻渔人
花莲海滩的网捞活动。两名男子拿着简易的三角鱼网设备,趁海浪冲上沙滩的一刹那,捕捉鱼群。
男子身体黝黑壮硕,露出健齿,艳阳白浪之间,尤显健朗

海边的天然游乐场
渔村的孩子们对放鸽子一向充满了好奇。大海、沙滩、岩石以及岸边的防风林,都成了孩子
们最好的天然游乐场

去海边一起抓鱼
一群妇女挑着扁担到海边协助男人们的捕鱼活动。海边的网捞活动通常需要十多个人手，其
方法是将渔网铺设于浅滩处，拦住岸边洄游的鱼群，一段时间后，齐力将渔网拉上岸，收取
渔获

壮观的东北角海岸
台湾东北角海岸线，运送煤炭的小火车，沿着海岸线驶去。远处即为龟山岛，此为台湾海岸
线上的一处旅游胜地

收网
一名渔夫将渔网拉上岸，舢板围捞后，需要收网，并将舢板拉上岸。这种低生产
的方式仅能维持渔家基本的温饱，渔民生活的艰苦与农民并无二致

热络的鱼市买卖
台中梧栖渔港的渔获交易。每天清晨，市里的鱼贩集中至此，选购刚捕上来的鱼。
渔获以白刺、白秋、黑鲳、鲭鱼为主，市场人声沸腾，买卖热络

充满诗意的沙滩
漫长的海岸，涨潮时海面辽阔，退潮时又露出广阔的沙滩。一名渔夫扛着渔获，踩过沙滩回家，脚下拖着细长的波纹，形成充满诗意的美景

　　这几乎是每一个人面对海洋时所共有的心灵体验，更是四面环海的台湾人心灵体验的重要部分。这样的地理环境，让薛培德牧师不可避免地多次走到不同的海边，目睹美丽的海岸风情以及沙滩上的捕鱼活动，而他所从事的救济会赈济工作，自然也涵盖海边和离岛的贫穷渔村。在照片整理过程中，可以清楚地看到薛牧师的足迹所至，以及他的视线所在。在花莲的海滩上，薛牧师看见一大群健壮的男子，每人双手提着一个捞网，像铲土一样，对着正面冲过来的海浪猛挖，希望能捞到几尾随着浪花冲上来的鱼儿。此外，在另一处海滩上，则有一大群男女渔工，正奋力从海中拉起一条长长的渔网。这些劳作者是一般人所称的"牵罟仔"——这是今天已消失的古老捕鱼方式，却透过这些影像得以完整地重现。还有一些渔夫费力地把沉重的舢板扛上岸，或者把竹筏推进海里。渔夫们笑容满面地展示当天的渔获，颇为得意；也有几名老渔夫在面无表情地收拾渔网，脸上深刻的皱纹道尽了讨海人的岁月风

讨海人的生活
一名老渔夫叼着烟，端起收获的白晶晶的马嘉鱼，露出满意的笑容。讨海人的日子伴
随的就是烈阳、海浪和精打细算的渔获

凝视大海的远方
一家六口人到海边游泳，爸妈带着三个儿子玩水，留下小女儿披着毛巾，坐在沙滩上，看着戏水的家人，也看着大海的远方。白浪一波波推向岸边，沙滩上凌乱的足迹中有着快乐的人生记忆

霜。其中一张照片是两名渔夫蹲坐地上，叼着烟，默默地看着前方，这种无言的画面，仿佛承载了千言万语。

离岛方面，薛牧师一行造访了宜兰龟山岛和屏东小琉球岛。龟山岛于1988年被列为军事演习火炮射击区，岛民悉数迁至宜兰头城，于今已是无人岛。薛牧师的相机还原了早年龟山的风土人情，不仅艺术上乘，其宝贵的文献价值也是无可替代的。小琉球则充满了热带风情，今日已成了旅游胜地，而当年却是贫穷的渔村。孩子们光着身子在海边四处奔跑，正如其他地方一样，见到外国访客，高兴地围拢过来；救济会的一名女同仁看见小琉球如梦幻般的清澈海水和柔白的沙滩，忘情地躺在白沙上，孩童般地绽开了笑脸，顿时所有工作的辛劳都消逝无踪了。

这是薛牧师拍摄台湾海岸的另一面，除了捕鱼活动和渔村的生活，海边的大自然风光也是重要的主题，包括东海岸鬼斧神工的山崖，山海争雄的宏大气势，处处震撼人心。至于西海岸，落潮时的长滩，形成辽阔的湿地，渔人陆上行舟，孩子们弯身捡拾贝类，呈现了远处生动的身影。薛牧师留下的这些台湾海岸的影像，既潜藏了辛酸岁月，也充满诗情画意，构成了那个时代独具魅力的史诗。

山乡岁月

台湾是一座岛屿，山地占了岛上面积的三分之二。其中最重要的就是贯穿南北的中央山脉，其支脉则延伸到东西两侧。这意味着，住在台湾任何一个地方，走没多远就可以走到山脚下，有时在市区中央位置就有山坡，像高雄市的寿山，站在上面可以眺望闹区和港湾。

有关山岳的种种，占据了人们生活体验相当大的比例，从小到大，常说"去爬山！""到山上去玩！"走进山林里，湍急的溪水由高处冲下，水边布满了白石头；再往上走，则是高耸的冷杉林，环绕山顶的云海，冷冽清新的空气。山里也有许多寺庙和大佛的石像，周边为美丽的园区，游山顺便也可上香祈福。因此，从南到北，像是太平山、阳明山、大雪山、玉山、合欢山、阿里山、大霸尖山，等等，这些耳熟能详的山岳，总是伴随着许多快乐的游玩经历，不管是跟父母、同学、男女朋友，或是带着自己的儿女，总是能尽情享受山岳所带来的无穷快乐。

住在台湾的那几年，薛培德牧师自然也有过同样的经历，他留下了美丽山峰以及山居生活的诸多影像。首先，他自己就住在阳明山上，足迹自然步入了周边大屯山山麓。小油坑岩石上喷出的硫黄蒸气，高大的芒草，都是今天台北人所熟悉的景观，今在薛牧师半世纪前的照片上看到，觉得格外亲切。此外，中部横贯公路通车的当年，薛培德与救济会一行同仁，就有幸造访。他们几乎是第一批自己开车上中横的民间访客，不是为了赈济，而是为了勘查游览。

薛牧师捕捉了中横沿线美丽的风光，他在照片里藏着与所有人一样的惊叹声。台湾的山实在太美了！美到难以言传，只能由当事人自己前来体验。在薛牧师登山的时候，南投山区的高山族部落尚未发展出现代的观光事业，

示范使用传统弓箭
中部山区高山族部落，一名长者使用传统弓箭，示范瞄准射箭的技巧。山区的高山族居民主要依赖耕种和狩猎，猎物以山猪、鹿等为主，即使进入现代社会，狩猎的传统依然局部保留

如诗如画的山间农田
山沟里的农田，远望农夫犁田。山区地势偏高、温度较低，种稻的条件逊于平原。然而在生产的需求下，山间谷地仍农田密布，形成特有的景致

客家妇女采茶
台湾北部山区的茶园，一名客家妇女采茶的情景。台湾茶树集中在北部的山
坡地，树苗最早由闽粤引进，清代发展成主要经济作物，茶叶由大汉溪运至
淡水河的大稻埕，进行包装后畅销全世界

中部高山的伐木业
台湾中部的伐木场作业情形。中央山脉主峰附近属寒带区，包含多处茂密的原始森林。日据时代曾建阿里山小火车以搬运砍伐的红桧木，中横开通后，伐木事业随之进入中部高山，后在保护森林的政策下，逐步限制

泰雅人妇女的织布
泰雅人部落家族展示传统织布。妇女们从事织布和染色工作，图样和色彩具有独特的少数民族风味，过去为自用，中横开通后逐渐开发为观光与商业贩卖

鲜艳的观光风格
南部山区两位美丽的高山族姑娘，发饰和穿着极为华丽鲜艳。尽管风格属于
高山族，不过在观光的需求下，往往有超越传统的新设计

今日视为国宝的黥面妇女，此时四处可见。妇女们友善的笑颜中有几许愁容，艰苦的物质生活仍是无可逃避的现实问题。她们仍挎着藤篓，穿戴着传统的服饰、头巾、绑腿、铜铃等，坚守着固有的美感；至于男人们，则与过去一样，拿着武器外出狩猎，展现着与大自然拼搏的勇武，同时也维持家人的生计。薛牧师在中横看见了高山族部落中的泰雅人和布农人，在花莲、台东山区则是看见了阿美人，他们丰富多彩的服饰与传统的狩猎生活都深深地吸引了他的目光。

　　薛培德牧师对生活形态的关注，也及于其他山区的汉人村落。他拍摄了客家妇女的采茶活动，也全程跟随着山里一列出殡的队伍，做了生动的影像记录。就跟大海边的种种场景一样，薛牧师所记录的台湾的山乡景色，注入了许多人文的情感，呈现了永恒岁月的力量。那些山树、树影、人影，实际上都早已化成了台湾的心影。

布农男子出外打猎
两名布农男子手持自制土枪准备外出打猎，背后为部落典型的茅草房屋，布农人部落主要分布在玉山山脉周围

中横沿途村庄的少女
中横公路沿途山乡，一名少女捡拾干柴后，坐在地上休息。尽管山乡岁月物资匮乏，
人们却终日与清新、缤纷的大自然为伍，少女的笑容一如大自然般纯真和灿烂

困苦的生活
高山族家庭的厨房，使用汉人的灶炉煮食小米。由于山乡交通不便，生产力较低，粮食、衣物和药品供应不足，一般家庭生活十分困苦

街头人生

人生耗费的时光，大体上一半在室内，另一半在室外。而室外，又有一半时间是在房屋与外面世界衔接的地带，或在街边，或在邻里之间。早年住宅紧密相连，对外开放，没有警卫门禁，加上机动车辆稀少，较少交通安全的顾虑，屋子与马路的中间地带，虽不宽敞，却像是繁华的世界，集中商业、休闲与交际活动，它们虽是琐碎无华，却一样反映了人生的追求和浮沉。

大家来看娶新娘
一处市场内停着一辆娶新娘的大轿车，新郎捧着大束鲜花，开门而出。迎亲活动是街头巷尾最令人津津乐道的话题之一，吸引众多大人小孩围观，尤其装扮完好、几分羞涩的新娘子现身时，围观者兴奋不已，不断评头论足，窃窃私语

发水灾的那一天
刮大风、下大雨、发水灾，为台湾夏季生态的写照。一条街道成为溪流，汽车驶过，激起阵阵波浪。由于下水道设施不完善及人口增长，夏秋台风来时几乎逢雨成灾，城乡一片汪洋。大雨迫使商家暂时歇业，货品泡在水中，也会造成严重损失

生命的飨宴
一间小教堂的婚礼,阳光照射进来,形成迷人的光影画面,无论新郎新娘、花童、家属或弟兄姐妹,均仿佛沐浴在优美的诗歌中,既庄严,又似生命的飨宴

街边烧沥青铺柏油
马路铺柏油的作业情形。传统铺柏油是先在路边燃烧沥青,黑烟冲天,而且散发臭味,然而石子路铺了柏油,可供汽车行驶,在人们心目中却又是进步的象征。由于城乡道路设施不断改善,工人们路边燃烧沥青,并用接管洒沥青的现象,四处可见

省公路局长途客运站外
南部一处城镇省公路局车站外，几名水果小贩在车窗外叫卖。一般人往来西部大城市，主要依赖纵贯铁路，至于各县市乡镇之间，则搭乘省公路局长途客运。每次停车时，都有许多水果贩蜂拥而上，卖的水果可当场进食，或用竹篮包装好以备送礼用

游走尺度边缘的电影宣传
花莲市一个脚踏板车改装的广播车。宣传的新片是《江湖恩仇》，由牛哥小说《赌国仇城》改编，张仲文、王引主演。广告词写着"张仲文大胆解开胸脯勾引了王引"。在保守年代，这已是游走尺度边缘的宣传技法

描绘往生者的遗容

一处夜市的写真画师，写真属于传统美术技能，多半由师徒制传授。尽管墙上挂着画师绘制的外国美女写真，不过仅为展现画技，并增添现代流行气息。他们主要的订单还是描绘长辈或者往生者的遗容，有的作为家庭纪念照，有的则为丧礼悬挂之用

市场里的老戏院
一处夜市的绿豆汤摊贩，夏日夜市生意兴隆，市场里还有一间老式戏院，
通常用木板隔上下两层。夜市、老戏院以及逛街的人潮，为台湾各地共同
的生活经验

爆米香的美味
乡下爆米香，两名小商贩中午休息吃便当。爆米香为流动商贩的一种，带着机器游走大街小巷，有意者自备食米和糖，由商贩代工制作米香，索取工钱。由于制作过程有趣，通常吸引大批儿童围观。爆米香虽是甜食的生产活动，但在实际生活中也充满了童趣

　　薛培德牧师拍摄的台湾生活影像中，相当多是关于街边的活动。首先，小孩子口中所称的"娶新娘"就是轰动街头巷尾的事情。在噼噼啪啪的鞭炮声中，绑着红色大花球的礼车驶来了，新郎开门步出，平整的西装，爽朗的神色，走进新娘的家门。四邻的大人们站在远处好奇地瞧，不谙人情世故的孩子们，则大大方方地跟进了新娘家，挤到最前面，肆无忌惮地盯着这一切。等到新郎新娘一起现身，走出家门时，这短短的几分钟，无疑是整个剧情的高潮。新娘惊鸿一瞥的容貌，哪怕她已是邻居认识多年的女孩，都能引起围观人群阵阵的惊叹！这惊叹声对于不同人，都隐含了不同的隐秘心情，难免联想到已经走过或是即将步上一样人生旅程的自己。

　　相对于喜气洋洋的迎新娘车队，阵势庞大的送殡队伍也经常经过街边，令人不禁驻足观看。尽管人们不自觉地与之保持着礼貌的距离，然而哀凄的曲乐与长长的人龙，阻碍了交通，让人很难转移视线。婚礼和丧礼这两出人生的悲喜剧，交互地在街边上演，虽不是任何人刻意的安排，但却十分贴近

生命之歌的起伏节奏。除了街坊的戏梦人生之外，流动摊贩也是重要的街头风景。孩子们聚集在门口游戏，大人们站着跟邻居聊天。只要大人小孩站到一块，自然就吸引了各种流动摊贩，有卖豆花、杨桃汤、枝仔冰和烤玉蜀黍，还有每次都能吸引大批围观人群的"爆米香"。每一个站着看的人，都在等待那一声砰然炸响……

再就是附近的夜市了。通常夜市都是跟一座历史悠久的寺庙连在一起。薛培德牧师拍了一组夜市的完整影像。早年那些稀松平常无人关注的事情，几乎都进入了他的镜头。夜市不仅提供饮食，供娱乐，还像是大型的夜间园游会。当时没有电视，只能到夜市听卖药人东扯西扯，或看歌仔戏和木偶戏。尽管声光效果不能跟今天比，但当年看的人远比今天多，且无不津津有味。

薛培德牧师的街头影像还有一组是水淹的照片，这也是台湾人很常见的景观。每年秋夏两季台风，必然会淹水。大人们苦恼，孩子们则天生顽皮，水中作乐。就是这些街头琐琐碎碎的事情，看似漫无章法，放在一起，竟又呈现了某种生活的秩序，并隐含了许多世间道理，如同一系列密码存放在社会记忆中，等待日后的人逐一解开，重新领悟，并发出会心的一笑。

（原载《老照片》第 119—124 辑，原文章名分别为《母亲的容颜》《屋里屋外的童年》《南部的阳光》《大海的地方》《山乡岁月》《街头人生》，分别于 2018 年 6 月、8 月、10 月、12 月，2019 年 4 月出版）

王建浩与他拍摄的济南

雍　坚

2003 年，我认识了两位济南市博物馆的退休专家：韩明祥先生和王建浩先生。现在回想起来，他们都是我成长过程中的贵人。韩先生引导我走上济南碑拓研究之路，王先生则为我打开了济南老照片的记忆之门。

韩先生是济南市考古研究所李铭所长介绍我认识的，退休前为济南市博物馆考古部主任，退休后被聘为山东省文史研究馆馆员。因为他所专注的墓志铭研究也是我特别感兴趣的，我们很快就成为忘年交。

王先生则是韩先生介绍我认识的。记得当时韩先生给我打电话，说他有位同事对瓦当很有研究，但身体不好，想找个助手协助他整理文字，将来结集出书时可联合署名，问我愿不愿意。因此，我专程去拜望了王先生一次。

记得王先生当时住在闵子骞墓园北侧的平房中，家中没有什么像样的家具，与我预想中的专家之家差别不小。因为中风，王先生当时行动不便，说话时口齿稍有含糊，但大致能听得清楚。王先生的妻子李桂英一直很悉心地照顾左右，对人十分热情。那次拜访，考虑到王先生的专著记述一事工作量很大，而报社工作又紧张，我委婉地表示自己难当此任。和王先生合作之事虽然没成，但那次拜访让我知道了王先生的专长，他长期从事济南古建筑的文物修复工作，对济南各处历史建筑都如数家珍。当年 5 月，我在采写西郊峨眉山古建筑稿子时，还专程到王先生家去请教峨眉山古建筑的变迁，同时翻拍了王先生 60 年代拍摄的峨眉山老照片并刊发在报纸上。这次拜访后，我隐约感觉到，王先生曾经拍摄的济南老照片应该还有不少。

2007 年，我主创了《生活日报·老济南》专刊，每隔二三周出一个济南

图1　1958年冬，王建浩、李桂英结婚一周年在大明湖合影

历史文化专题。这个专刊在读者中好评不断，我也就老牛拉车般上了套，往往是采着这期就得准备下一期。当年底，我想到了王先生的老照片，它们可不可以出一期图片专刊呢？去拜访王先生时，他已经搬家到玉函路文化局宿舍，住宿条件改善很多。不过，由于病情加重，见面时，我已经不能和他直接交流，需要李阿姨在一旁翻译。得知我要给王先生出一期专题报道后，李阿姨把柜子里的五六十个老照片档案袋全都搬出来让我挑选，每个大档案袋里往往又套装着若干装有相片或底版的信封、底版袋。那个壮观的场面让我一时不知如何下手。李阿姨又拿出一个手写的编号近百的目录，这是王先生

图2　20世纪60年代，济南城内将军庙街的将军庙（该建筑无存）

图3　20世纪60年代，济南西郊峨眉山文昌阁（约90年代倾圮）

图 4　20 世纪 60 年代，王建浩先生考察大佛寺遗址，在齐鲁第一大佛前留影

病重前，夫妻二人合作整理照片档案时形成的。在这张纸上，正觉寺、星宿庙、安阇寺等很多消失多年的济南庙宇建筑历历在目，令我激动不已。看到很多档案袋里照片被取走只剩下了底版，我就提出，由报社出费用（实则是我个人垫付），把我选中的底版拿到照相馆去扫描成电子版，然后再选择以备刊发的照片。考虑到底版金贵，我是多次登门一组组拿去扫描的，因此拖拖拉拉进行了一个冬天，直到 2008 年春天，翻拍和扫描的照片有了三四百张，我感觉所挑照片在数量和品种上都足够丰富了，于是推出《老济南·绝版庙

宇》专刊。给一个人的摄影作品刊发五个整版的专题报道，这在《生活日报》报史也算是破了纪录。专刊推出后，反响相当好，有多位老济南给报社来电，希望再多买几份报纸送给亲友存念。这期专刊，也是王先生的摄影作品首次在报纸上批量推出。去给王先生送报纸时，坐在轮椅上的他冲我直挑大拇指，虽然我听不懂他说些什么，但能看出，他眼中的激动和欣慰。

2009年，《生活日报》与济南市档案局（馆）、济南市青少年宫等单位联合发起"回眸60年·泉城记忆"民间档案有奖征集及展览活动。我协助李阿姨精选了六十张王建浩先生拍摄的济南老照片参展。此次征集展览活动共

图5　20世纪60年代的济南安阇寺，今已无存

设一二三等奖五十个，王先生的那组济南老照片无可争议地荣膺一等奖（一等奖仅两个）。

2011年，王先生溘然离世，享年八十岁。我是到年底才知道这一消息的。李阿姨说，遵照王老师的遗愿，后事一切从简，所以没有通知你。我默默地点头，向坚强、善良的她表达由衷的敬意。从中风到去世的十多年时间里，王先生的晚年是幸福的，而这一切，离不开妻子不离左右的悉心照顾。

王先生走后，我逢年过节都去看看李阿姨，或者不定期打个电话问候她一下。后来知道李阿姨喜欢看报纸，每年元旦前，我都会给她订上一份全年《生活日报》。一来二往，李阿姨都不拿我当外人了，在和她的攀谈中，对王先生的个人生平我有了更多的了解。王先生是山东桓台人，生于1932年，1948年参加革命，华东军政大学毕业，先后参加过解放战争和抗美援朝，济

图6　20世纪60年代的济南府学文庙大成殿，该建筑于2005年落架重修，殿前中规、中矩亭今夕差别较大

图7　20世纪60年代的历城县学文庙奎星阁（文昌阁），今已无存

南市第四、六届政协委员。1955 年他转业到文化部门，1958 年参加济南市博物馆建馆，为三人领导小组成员之一。先后主持国家级重点文物保护单位神通寺、四门塔、龙虎塔、千佛崖的修复工作，参与并协助灵岩寺、千佛山佛像的维修修复工程，20 世纪 60 年代至 90 年代的《文物》《考古》等国家级核心期刊上都能找出数篇他发表的论文。修复、研究古建筑的同时，王先生做的另一件重要事情就是，用相机记录古建筑风貌。这在当时一半是出自工作需要，另一半则是出于个人爱好。"摄影穷三代，单反毁一生"是当代

摄友们自嘲的一句流行语，在这句话出现前的几十年间，李阿姨已对此深有感触。"当年你王老师工资只有三十多块钱的时候，他每月只给我九块钱用于家用，其余的钱多数都买了胶卷。"李阿姨说，那时候出去拍照都是骑自行车，逢星期天，她也常常和王先生一起带着干粮出去考察和拍照。有一次两人骑车去灵岩寺，一百多里地，又是大上坡，回来时天都黑了，"骑到段店我就怎么也蹬不动了，就坐在路边哭。"

2014年下半年，《生活日报》与历下区明府城保护与改造工作现场工作室、山东洋格文化发展有限公司联合发起"再现明府城"济南老物件老照片征集活动，其中，老照片征集项目组的组长由我担任。此时，我又想到了王建浩先生拍摄的老照片。于是与李阿姨协商，利用这次征集活动，把先生生前拍摄的所有照片、底版全部电子化，然后再细致分类和遴选出明府城需要

图8　20世纪60年代的正觉寺大殿（今已无存），该建筑1956年曾被公布为山东省第一批文物保护单位

图9　20世纪60年代前期，玉函山摩崖造像被破坏前的照片

的老照片。李阿姨欣然同意。于是从丙申年（2016）春节前开始，我将王建浩生前拍摄的照片、底版分批次搬回家中，利用新购置的底片扫描仪进行扫描。王先生毕生拍摄的照片是海量的，因此这一扫描工作堪称工作量史无前例。加之底版扫描不同于照片扫描，一张120底版有时要四五分钟才能扫描好，而每次只能扫三四张。记得有半年多的时间，我差不多是天天扫描到深夜，直到腰酸背痛坚持不住了才关掉扫描仪。

　　最后在电脑上统计一下，总共有近万张图片文件，我把每一组（卷）照片设为一个独立文件夹，共有数百个，比此前王先生夫妇二人整理的目录还要丰富得多。这些照片上起 20 世纪 50 年代中期，下至 90 年代中期，最为珍贵的是 60 年代中前期密集拍摄的济南古建筑和老街巷照片，因为在接下来的"破四旧"运动中，很多寺庙宫观及内部塑像都面目全非或一去不返。因此，这些影像都堪称绝版。令人深深钦佩的是，王先生不仅拍遍了济南市区范围内的名胜古迹，而且还几乎拍遍了济南郊野古迹，从西郊的幸福寺、峨眉山，北郊的鹊山、马鞍山到东郊华阳宫、龙洞，南郊的玉函山，从长清的五峰山、四禅寺、莲台山、灵岩寺、大峰山，到历城的云台山、神通寺、九顶塔、锦绣川、黄花山，再到章丘的锦阳关、赵八洞、三清观，都被他用

图 10 1963 年复原维修后的九顶塔

图 11　1965 年，济南东郊圣佛寺院村村民在修水渠物色石料时挖出北魏崔令姿墓，所出土的墓志铭迄今仍是济南现存最早的

相机一一定格。很多文物古迹，他都是多次去拍摄，记录下了不同时期的不同风貌。

　　由于时间久远，同一档案袋中往往会混进其他内容的底版或照片，我不得不一一甄别，修改说明，再合并同类项。工作不忙时，打开电脑细细浏览和甄别王先生拍过的每一张老照片，成了近年来我的业余生活新常态。每次做这件事时，王先生骑着单车去四处考察济南名胜古迹的身影便会不觉中浮现在我的眼前。20 世纪 20 年代，日本学者常盘大定和关野贞曾对济南市区及郊野的寺庙祠观进行系统考察和拍摄，在他们合著的《东亚文化史迹》中，为世人留下了一组珍贵影像。如果没有他们俩，今天的世人是看不到民国济南的很多名胜古迹风貌的。而王先生在六七十年代对济南名胜古迹和老街巷

图 12　20 世纪 70 年代的南全福庄马国翰祠堂（2002 年拆除）

图 13　1973 年，四门塔维修人员在塔前合影

的自觉拍摄也是独一无二的，并且远比两位日本学者拍摄得丰富和全面，如果没有他频频按动快门，很多济南老建筑、老街巷的历史风貌将不能传世。

值得一提的是，"文革"期间，出于一次工业展览的需要，王先生还分别拍摄了灯泡厂、服装厂、皮革厂、棉纺厂等济南市区四五十家企业的照片，虽然档案袋中的照片多数因展览被取走，但所幸原始底版都保留了下来，经底片扫描仪扫描，当年的影像全部苏醒。鉴于这些老国企不少在关停并转中业已消失，这批当年因展览而拍摄的照片同样显得弥足珍贵。

2018年底，中国文史出版社正式出版了笔者领衔主编的三卷本丛书《济南图记》。此书现代卷收录的一百二十张1949—1979年间的济南老照片，有百分之八十为王建浩先生拍摄。它们多数都是第一次公开发表。己亥年（2019）春节长假期间，借《济南图记》新书出版之契机，明府城·百花洲片区同时举办了"王建浩先生摄影展"，闻讯前去观展的老市民络绎不绝。

是王建浩先生让老济南从历史中醒来，济南人不该忘记这样一位非专业的专业摄影人。

（原载《老照片》第140辑，2021年12月出版）

张秉山：在时代的大潮里按下快门

臧 杰

张秉山的摄影成就，是数十年的新闻摄影实践积下的。

在进入青岛日报社工作之前，他是掖县（今莱州）农村的一个务农青年。1947年小学毕业后，他参加了解放区的征粮工作，因此练成了一手好算盘。征粮结束，他就盘算着来青岛闯闯。掖县人闯青岛并不什么新鲜事，在张秉山要来前，掖县商帮在青岛已经有了很深的根基，不仅地产界有"刘半城"之称的刘子山是掖县人，1927年出任总商会会长的宋雨亭也是掖县人，而且他在这个位置上连任了五届。

一如自己的同乡前辈，张秉山也想象着能够在青岛有一番事业，他最早想投考的是税务局，没想到错过了考期；第二次要来考邮电局，又错过了考期；及至第三次出门，他跟母亲说："这一次我就是要饭也不会回来了。"

那时候，从掖县到青岛，靠步行是常态。从张秉山的老家曲家乡金牌村走到即墨南泉有二百多里路，张秉山说人年轻一天走一百里不算啥事儿。走上两天后，再到南泉坐一段儿火车，就到青岛了。

图1　少年张秉山

图2　1955年，张秉山（右）与友人合影

张秉山来青岛投靠的邻居是位"入城干部"，在防空指挥部工作。指挥部的办公驻地就在毗邻报社的老政协楼上，不免经常和报社的人一起吃午饭。听说张秉山不挑剔工种，就找到报社人事科介绍他到中山路6号青岛日报社印刷厂干了交通员。张秉山平常在传达室值班，晚上厂里制出报纸清样后，就去送给沙洪社长签字付印。在吴建之后接任青岛日报社社长的沙洪住在湖北路4号的四楼上。在形势还不稳定的解放初期，楼院常常锁着门，张秉山有院门的钥匙，打开院门再上去敲沙洪的门，等沙洪看完清样，就拿回来付印。

这样的工作持续了不到一年，还是因为会打算盘，他被调去干印刷厂的统计员，一直干到1955年调任报社人事科的科员。

在印刷厂工作期间，张秉山摸上了相机。对现代印刷业而言，制版和照相从来不分家。青岛日报社印刷厂的制版主力来自创建于1927年的光华制版社，而这间制版社的创始人班鹏志也是掖县人，出自照相馆业，是青岛最早的本土摄影集《接收青岛纪念写真》的作者。这本影集不仅全程记录了1922年日本人交还青岛主权时的情形，还对青岛的市街、风情以及沿革有所呈现。在青岛日报社印刷厂工作的班兆敏、班喜池、于东起都是班鹏志的族亲与徒弟。工余间隙，张秉山就去照相制版室玩，知道于东起有一架带皮老虎的双轨相机闲置不用，就被张秉山讨要来，也成了张秉山最早使用的一架相机，这架相机后来在他学习放大时改装成了放大机。

最初接触摄影，张秉山的"老师"是陈怀德的著作《摄影入门》。陈怀德是民国时期中国摄影学会的成员，也是1946年创办的《中国摄影》的编

图3　1958年，青岛广西路上的"大跃进"宣传栏

图4　1959年，崂山王哥庄的公共食堂

辑者之一，这本1949年初版的著作曾流传甚广。张秉山以书为师，最初拍的照片多以人像为主。

　　1958年，青岛日报社摄影组组长赵朋到报社人事科要求进人，科员张秉山问赵朋自己能不能去，于是就转岗成了摄影记者。与张秉山不同，自幼在青岛长大的赵朋，自市立中学毕业后一直痴迷文学，因为同学吕寰家开照相馆，他对摄影也有了很早的启蒙。张秉山最初在摄影组的日子，得到了赵朋的业务指导。然而没想到张秉山到来后，三名组员很快调配到了其他部组，赵朋也去办副刊了，摄影组在1961年后，记者只剩下张秉山一个人，另外还有一位暗房洗印员张一民。于是乎，在1961年至1967年3月王治国进组，《青岛日报》大部分摄影工作就落在了张秉山一个人的肩膀上。1967年，他幸运

图5 1959年，张秉山（右一）初入摄影组，与卢国栋、赵朋、张一民在一起

地得到了一台哈苏500C/M套机，这台自青岛外贸进口的机器，售价一万两千元，在那个年代几乎是天价。而在此之前他用的是苏联造的GF相机。张秉山对那时的采访，有两种经历印象最深刻，一是到市郊采访，完全要靠骑自行车长途跋涉，有一次在胶南遇上了瓢泼大雨，车轱辘陷在泥窝里不能自拔，他只好用木棍清理了泥巴扛着车子前进；另一种难处则是挤公交车，因为闪光照明用的是镁泡，在车上一挤，很容易被挤破，所以每次坐公交他都是小心翼翼。

　　独当一面的张秉山，因此也获得了相当充分的拍摄与发表机会。尤其在"文革"大动荡的岁月里、他凭借一张摄影记者证，将"文革"初期的诸多大变动大批判的场面纳入了镜头。其时的新闻分工，唯摄影记者是委任制，

图6　1960年，"钢铁元帅"升帐。摄于青岛钢厂

而其他参与摄影工作的记者，都只能发一张摄影工作证。个中原因，大概是摄影的呈现往往会涉及一些需要保密级的素材，因此，摄影记者到照相馆冲印胶卷、印片和放大，均是不被允许的。在张秉山之前，《青岛日报》的摄影记者只发过一张委任状，持有者为创刊时的摄影记者吕寰。

　　凭借着自己的摄影记者身份，张秉山走在了青岛重大政治活动的最前面。比如，1967年，阿尔巴尼亚部长会议主席穆罕默德·谢胡来青；1972年，柬埔寨王国国家元首诺罗敦·西哈努克亲王来青；1973年，柬埔寨民族统一战线中央政治局主席、王国民族团结政府首相宾努亲王来青；1982年，越南国会常务委员会前副主席黄文欢来青等。

　　谢胡来青时，由时任中共中央政治局候补委员、书记处书记康生，以及

图 7　1964 年，著名劳模郝建秀（前）与工友们在青岛第一海水浴场

刚刚造反夺权成为山东省革命委员会主任的王效禹、青岛市革命委员会主任的杨保华陪同，这也是造反夺权组织首次迎来重大外事活动，场面极其宏大。为了拍摄自胶州路往中山路市民列队欢迎的场面，张秉山搭着梯子爬到了电线杆上完成了拍摄。从留存的一张他在人民会堂的工作照片可以看到，张秉山手持相机专注地盯着舞台，而康生正从他身后经过。

　　1982 年 7 月，他对黄文欢的拍摄则显得轻松了很多。在与文字记者蔡晓滨到黄文欢的住地采访时，张秉山适时地请黄文欢题词留念并拍下照片，照片印出后，黄文欢极为满意，请报社洗印三十多张作为赠送友人的礼物。一年后，黄文欢再次来青休养，张秉山与蔡晓滨二度去采访，为表达谢意，黄文欢又拿出这张照片题字送给二人留念，但他已记不清这张照片是张秉山拍的了。

　　与外事活动对应，对党和国家领导人来青的拍摄，张秉山也一直走在最前列。像邓小平、叶剑英、胡耀邦、陈永贵等人来青，都是他拍下了最为生动的一幕。1979年拍邓小平畅游汇泉湾，张秉山搭乘了一只小船行驶在邓小平身前。这张照片后来被命名为"胸臆海洋宽"，成为青岛市重要历史回顾的摄影代表作。张秉山犹记得邓小平在八大关小礼堂接见省市领导干部时的讲话，邓小平看着身边的白如冰说："你也不小了，我们这个房子里年轻人不多，根本的问题，百年大计的问题，对党负责的问题是选拔接班人。不能等，从现在开始。"

图8　1966年，人们涌上青岛中山路，庆祝中共八届十一中全会召开

图9 "文革"中青岛"破四旧"现场

在张秉山所存的资料中，还有一个专门的文件夹叫作"'文革'留帧"，全景收录了他自"四清运动"和"破四旧"以来，青岛在非常十年的社会景观，殊为珍贵。在他看来，"留帧"就是为历史留下证据。在这些照片的拍摄过程中，1966年8月25日的街头大辩论和是月末在青岛市第二体育场举行的批斗省市领导人事件曾令他触目惊心。辩论当天数千人在青岛市人民会堂广场集会，就如何看待"旧市委"进行了大辩论。张秉山在现场举起相机拍照时，有造反派说这是要留黑材料，勒令张秉山不准拍照。张秉山遂反问道："你们的行动是不是革命行动？"造反派说当然是革命行动。张秉山接着说，既是革命行动，为何要怕拍照片呢？事后，造反派多次到青岛日报社讨要底片，均遭拒绝。于是，就逼着已被揪斗的省委常委、青岛市委第一书记张敬焘写了亲笔信索要，纸条上写着："张秉山要把拍造反派的底片全部交出，不然以反革命论处。"纸条的落款不仅有签名还按了手印。报社明白纸条是张书记被迫写的，一张底片也没有交出。

在青岛市第二体育场拍摄批判张敬焘时，有了更惊险的一幕。在造反派喊口号时，张秉山没有跟着举起左手，而是习惯性地举了举右手。而那场批判活动，举左手才象征"左派"和革命，于是围上来一帮人，又说张秉山在搞黑资料。不管三七二十一，就把他架到一辆卡车上，拉着从热河路、胶州路、中山路兜了个大圈子到了青岛日报社，找到时任总编辑的孙启珊查问张秉山

图10　1967年，张秉山（左）在采访途中

图 11　1967 年，阿尔巴尼亚部长会议主席谢胡来访的车队经过青岛胶州路中山路口

的出身。孙启珊说："他是贫雇农。"造反派一听泄了气，才没有再作追究。张秉山事后说，没想到"唯成分论"救了他。

1988 年 8 月 12 日，张秉山在栈桥回澜阁举办自己的"摄影 30 年回顾展"，展出了部分"文革"期间的作品，其中就有张敬焘与省市主要领导在台上戴着大帽子遭受批斗的照片。展览期间前来参观的张敬焘感慨挥毫，写下了"历史见证，不能忘记"八个大字。

也就是在这一年底，张秉山当选为第一届青岛市摄影家协会主席。

1949 年后，青岛摄影的创作组织、辅导与展览机构，以 1975 年 5 月创建的青岛市美术摄影展览办公室为初始。1978 年青岛市文联召开了二届二次执委扩大会议，仿照中国文联下设有中国摄影学会，青岛市摄影学会率先成立，由董海山出任会长，吕寰、赵朋和张秉山任副会长。学会成立后自然要组织一些活动，而报社也要在摄影领域培养一部分通讯员，于是就有了多期新闻

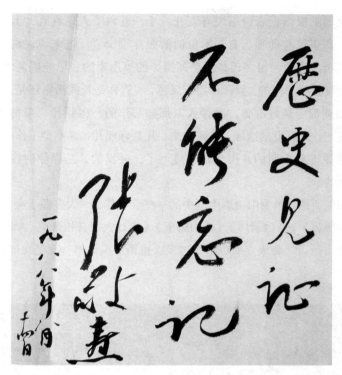

图 12　1988 年，原中共山东省委常委、青岛市委第一书记张敬焘在张秉山影展上的题词

摄影学习班。

数期学习班分别在老党校、青岛日报社俱乐部和青岛市工人文化宫举办，张秉山是主要召集人，也是老师之一。为备好课，张秉山结合自己的实践写出了《摄影曝光及影响曝光的因素》《新闻摄影》《摄影画面构图》《闪光摄影及常用的几种方法》《动体摄影及其表现方法》等讲义，并请杨兆振等社内同事代为修改。系列学习班也为张秉山重新审视自己的摄影提供了可能。

他有效总结了自己的经验，后来曾深有感触地谈道："在一些人看来，摄影这个东西过分简单，但咱就单单说稿子配照片，它就有很大的区别。稿子你回来写，大家还可以帮你润色润色，但是照片这个事情大家是帮不上忙的，好就好了，不好一点办法也没有。不管什么事情，就看你自己钻不钻研。全国的摄影记者，不说有万儿八千，五六千人还真有，但每次你去看展览，真正惊心动魄、有艺术价值的照片很少。反过来说，真正能拍出好的艺术照片来的，很多还是搞新闻摄影的搞出来的，单纯搞艺术摄影的，还没几个真正能出来的。摄影你要有灵感，不管你是新闻摄影还是艺术摄影，你时时刻刻都要做好准备。就像人家那些写作的，碰到什么事情，直接拿出笔来就记，摄影也是这样，在我看来，凡是好照片，都不是工作时间照的，都不是你原本要去照的，很多是你碰上了、突发的，是靠你的技术和修养去捕捉到的。"

　　一如他所说，张秉山摄影生涯中的一些获奖作品，大多源于突发与偶遇，像《急人所急》《站台新风》《崂山脚下》《中日大妞喜相逢》，大致如此。

　　青岛市摄影学会成立后也组织过多次摄影展览，第一次是在国贸公司小

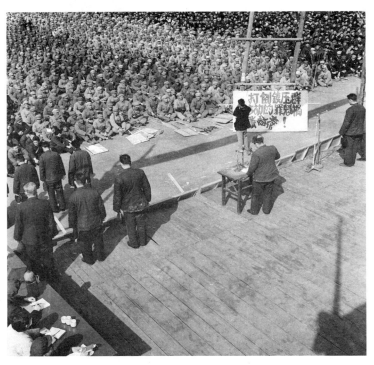

图13　大批判会场。1967年摄于青岛第二体育场

图 14　《急人所急》。1982 年摄于青岛安徽路广西路口

花园舞厅办的，后来还到青岛市文化宫展览过。这时候，青岛市工人文化宫职工摄影研究会也成立了，并印行了一种摄影专刊，由张春亭组织编辑，张秉山也曾将自己的照片编辑成专版交由张春亭刊出。

　　为增进更多的学术交流，学会和报社还曾延请一些著名摄影家来授课，像吴印咸、蒋齐生、黄翔等都来过青岛。吴印咸来青岛时已经八十三岁了，张秉山陪他登崂山游览。领略了山海之美的吴印咸兴味盎然，借用张秉山的相机拍摄了一组崂顶风光。吴印咸还在山东海洋学院与青岛影友作了交流，特别强调了对拍摄对象的观察。而黄翔在座谈会上则强调，风光摄影的作者，要对生活有着乐观主义精神。蒋齐生来青岛时正值 1988 年张秉山筹备个人影展前夕，他欣然为"张秉山 30 年摄影回顾展"题写了展名。

　　1984 年，以《青岛日报》总编室副主任兼任摄影美术组组长的张秉山，组织印行了第一本《青岛》画册。这本画册印行的目的，原本立意于庆祝建国三十五周年以及《青岛日报》创刊三十五周年之际扩大对外宣传，遂以中英文对照的方式将青岛市主要工商业的信息作了汇总式的展示与介绍，为了保证画册的精美，还专程到香港联系了印厂印刷。

　　而适逢这一年底，以副市长许善义为团长的青岛代表团到香港参加中国开放城市投资洽谈会，张秉山就将一千册画册发到了会场。这本画册对宣传青岛、吸引外资起到了良好的助推作用。招商成功归来的许善义在黄海饭店召开总结会时，表扬了《青岛》的印行。

　　这份成功也鼓舞起张秉山再操办一本画刊的梦想。于是他开始筹备创办《信息画报》（后改为《青岛画报》）。为了编辑该画报，张秉山起用了多名濒临退职的老报人，他们当中就有老"右派"孙逊、王东生、杨阳，均为《青岛日报》创刊时的元老，还有前总编辑林毅、老总编室副主任吴树生等人，这份创刊工作的展开，也让一些疏离报纸业务多年的老报人获得了些许回归编务的慰藉。事隔多年，张秉山对自己当年受报社委派，送拒绝劳改的"右派"杨枫回掖县原籍的情形记忆犹新。他说，回头看看，这些老报人的确遭了不少罪。而张秉山的所为，也加深了他与这些有落难经历的老报人的友谊。

图15　1983年，张秉山与来青的摄影家吴印咸在一起

图16　《站台新风》。1983年摄于北京火车站

在张秉山六十花甲之时，曾因被押送至月子口水库工地改造致使家庭破裂的杨阳挥笔致贺——"风雨四十载，跟党闯世界；论功何足齿，勒马畅未来。"

《信息画报》的创办也让张秉山到1991年退休前一直都没有放下照相机，作为主编的他依然多番奔走于新闻摄影一线，直至1991年青岛市建置一百周年庆典，还能看到他摆弄镜头的身影。

1998年，退职的张秉山在回顾自己摄影生涯的一篇文字中写道："新闻摄影记者肩负着反映现实和记录历史的双重责任，只要社会上发生的重大事件，不管当时能否见报，也不管你赞成与否，都应当如实、准确、客观地用相机记录下来，不给历史留空白。"

2022年3月28日，张秉山先生在青岛安详辞世，享年九十有二。

（原载《老照片》第142辑，2022年4月出版）

越南统一前的西贡

秦 风

　　胡志明市，旧名为西贡，是越南的第一大城市。在 1975 年 4 月北越（越南民主共和国）军队攻入西贡实现南北统一之前，西贡一直是南越（越南共和国）的首都。冷战时期，在美国的支持下，韩国、日本以及整个西方世界，还有国民党治下的台湾，与南越均有密切的往来。

　　那时的西贡，究竟是一座怎样的城市呢？

　　秦风老照片馆于 2017 年收集到日本工业新闻特派员茂野统一先生派驻南越时期拍摄的西贡市照片，包含底片约有一千张。这批原本作为新闻报道的照片，真实地记录了 1969 年也就是南北越统一前六年的西贡市景观，有很高的历史记录价值。

　　在中法战争前，也就是法国殖民越南之前，西贡已经是越南最繁荣的经济城市。法国占领后虽仍在顺化城保留越南王室，但整个政治和经济中心全部移到西贡来。经历百年多的时间，西贡发展成一典型的法国殖民城市，有着法国式的建筑、庭园、街道，甚至居民还养成喝法式咖啡的习惯，整座城市充满休闲与浪漫的气质。整体而言，西贡的西化程度与当时的上海、香港、马尼拉、新加坡、吉隆坡、槟城等地齐名，一直是越南南北分治前的首府，最繁荣的工商城市。邻近的堤岸则成为华人聚居的米市，华人经常将西贡与堤岸并称为西堤。这批照片主要就是反映 1969 年西贡市的城市面貌以及百姓的生活状况。

　　照片里的南越总统府又称为独立宫，法国殖民时期旧称诺罗敦宫，是法国在东南亚殖民地的总督办公之处，管理法属印度支那的各项事务。越南独立时被改称为独立宫，越南统一后被改名为统一宫。

图 1　独立宫（今改名统一宫），南越总统在这里办公，1975 年北越坦克驶进独立宫，象征南越政府统治的结束

图 2　西贡自由路。这里显示出的西方殖民城市的风貌，与马来西亚的吉隆坡和槟城近似

图 3　西贡自由路，道路两旁有法桐，街道规划完善

另一著名景点就是充满法式风情的歌剧院，于1900年落成，由法国建筑师设计，在1944年二战后期被炸毁，后几经翻修。1969年茂野先生所拍摄的歌剧院，设计线条简单利落，而现今的歌剧院外墙与廊柱则有华丽浮雕的装饰，不过建筑外观造型则是大同小异。在南北分治期间，歌剧院曾作为南越的议会大厅使用，南北统一后，为了提倡艺文活动，才又开放为歌剧院。

　　在西贡，遍布不同时代的遗迹。多元的民族文化和建筑，在茂野统一先生的镜头下，完整地存留了下来。这座城市常见纪念越南民族英雄的雕像或街名，比如阮惠街。阮惠史称光中皇帝，武功高强，曾击退暹罗等邻国的军队，他英勇抵御外敌的事迹备受越南人怀念，越南常把这些有着丰功伟业的名人铸成雕像纪念。西贡河旁，陈兴道（国峻）的雕像竖立在街道中央，他是13世纪越南陈朝的皇室，同时也是位骁勇善战的将领，被视为越南的军事天才，且留下经典的军事著作数部，因此尤为后人崇敬。

　　另外，如陈元扦也是越南民族英雄之一。他的雕像位在西贡的市中心，即使南越易帜后仍保留这座雕像立于圆环交通要地。在明朝时，陈元扦作为越南名将，赢得了多场胜利。他是后黎朝开国君主黎利的左右手，也是越南

图4　西贡街景，当时已经有许多摩托车了

图 5　西贡河旁的陈国峻雕像，越南人具有深刻的历史意识

图 6　西贡街道，街上也有许多自用车

图 7　西贡军用飞机场塔台，美军和盟友的军用飞机在此机场起落

图8　西贡的铁路局（天桥后），西贡使用了许多当时堪称象征现代化的天桥

图9　越南西贡街景，车辆拥挤，一片繁荣的景象

独立的一大功臣。西贡竖立了许多越南民族英雄雕像的现象，反映越南人具有深厚的历史意识，并且重视本国历史英雄所形成的光荣传承。陈元扞雕像所在的圆环于西贡时期车水马龙，是热闹的商区，吸引着内外游客。

　　在许多城市中，火车站被视作城市的地标，火车站的外观表现出城市的个性。1920年，印度支那铁路公司（CFI）设立在咸宜路的转角，是典型的法式建筑设计风格，西贡最兴盛大型的滨城市场就在附近。一旁的滨城市场也名列西贡地标之属，建于1914年，虽然不如另外两大著名古迹红教堂和百年教堂的年代久远，但市场本身的经济效益与热闹繁华更吸引商贾聚集，来这里观光采购的游客络绎不绝。另外这一带交通便利，火车站和公交车站在此交会。1969年茂野先生所摄就是这般车水马龙的景况。

图 10　西贡河边的起重机，内陆货运往来密集

图 11　日本驻西贡大使馆，在美国的鼓励下，日本在西贡有庞大的投资，大使馆也有相应规模的编制

395

图 12　日本工商代表团访问南越军事基地，受到热烈的欢迎

　　阮惠街上的西贡市政厅,浅橘黄色的法式风格建筑,设计风格采用哥特式,于 1908 年建成,外墙的浮雕装饰华丽,且取材自西方神话故事以及法国英雄。从西贡市政厅往歌剧院、中央邮局、独立宫、滨城市场交通十分便利,可以一览西贡的法式建筑风情。

　　同样位于阮惠街上的口立银行,同样是浅黄色的二层法式建筑,此处是西贡著名的滨城市场旧址之一。滨城市场原本设在靠近西贡河的河岸,法国人在占领西贡时烧毁了市场,将市场搬迁到阮惠街上。1911 年,市场设备逐渐老旧且不堪使用,后法国殖民政府又在咸宜路上新建了滨城市场,也就是如今滨城市场所在地,原址上另盖了一栋建筑作为银行办公之用。

　　此外,这批照片中也包含了日本工商团体访问南越军事基地,这些前南越政府军事设施和人员的影像也成为珍贵的历史文献。统一前,美军曾带来丰裕的物资,闹区更是灯红酒绿。统一后,这个区曾经出现几年的没落,变得冷清,不过在越南政府开放政策,吸引外资后,又逐步恢复往昔的繁荣景象。

（原载《老照片》第 120 辑，2018 年 10 月出版）

回望生产队

李百军

这些照片的由来

1976 年，我刚二十一岁。就在那年夏天，我大学毕业后分配在山东省沂水县革命委员会生产指挥部下属的科技办公室。这个革委会生产指挥部就是以前的县政府，总共不到一百人。所有的科局单位都在这一个大院子里上班，每个科局最多的也就五六个人。我去了以后，科技办公室增加到四个人，是全县大学生最多的地方。我从办公室的一张《参考消息》上，看到了美国苹果电脑公司创立的消息。没过几天，就发生了唐山大地震。我和其他单位的几个青年，一起住到了防震棚里。低矮的防震棚潮湿闷热，又有蚊子，咬得你整宿睡不好觉，第二天恹恹的没有精神。

有一天，老主任叫住我，拿出一个红布包，是一架捷克产"SABRE"120老式照相机："这相机好久没人用了，听说你以前就会照相。正好县委和生产指挥部也没有会照相的人，你以后就用它给我们县里的活动拍资料吧！"回头和老张说："把地震棚割出一块给他做暗室。"正是喜欢玩的年龄，我乐滋滋地拿着相机刚要走，又被他喊住了："你不是学内燃机的吗，连地震办公室的摩托车也一块儿开着吧，我们就不专门配司机了。"在那个自行车都十分紧缺的年代里，能骑着三轮摩托车，背着照相机下去拍照片，那该是种什么感觉啊。

每到县里有会议，我都要去拍摄会议场面。有时跟着县里领导到公社和生产队去检查工作，并把当时拍的照片，写上说明，投寄给报社。当我在《大

397

图 1　骑着摩托去乡村（1976 年）

图 2　给领导拍照就要跑在前头（1985 年）

众日报》发表了几幅新闻照片后，就被发展为通讯员。领导也乐意看到县里的事迹在报刊上出现，就鼓励我多到基层公社和生产队去采访，积年累月，便有了这些照片。

生产队长

生产队曾经是农村最基础的生产单位。通常一个村庄就是一个生产大队，也有几个小自然村合并而成的大队。大队下边再分若干个生产队。

在农村，生产队长是最苦和最累的差事。

每个生产队长就是百多号人的当家人。首先他是庄稼地里的好把式，样样农活儿都能拿得起，别的社员才会瞧得起。另外，他要出工最早，每天一早给社员分配劳动任务。他收工最迟，查看地里有没有落下的农具和其他东西。还得没有私心，这么多社员眼睁睁地瞅着你，不能贪生产队的一点便宜。所以当生产队长不但没有额外的收益，反倒要更多的付出。他必须懂得一年四季的生产安排，还要接受上级下达的生产指标。但凡能当上生产队长，他就有着说一不二的脾性，而且在本队有着极高的威望，是大伙信得过的人。

我们生产队的队长身材不高，剃个光头，皮肤黝黑，脸上胡子拉碴，一双手大得像蒲扇，一开口声如洪钟。要是他骂起娘来，一里之外都听得到。可他很少说话，整天绷着个黑脸，像别人欠了他什么似的。可这生产队里，谁也不敢惹他。他有着很多办法治你，让你不能偷懒——也不敢偷懒，你不得不服气！一些毛头小伙子天不怕地不怕，就怕队长，好像避猫鼠一样。他虽然从不多说一句话，轮到你了，肯定就没有好果子吃。

夏天干活，总是时不时地来场阵雨。每当下雨了，社员们都盼着他能喊一声："躲雨吧！"可他愣是假装不知道，总是闷着头干活。要是他的衣服没有湿透，你就别想去躲雨。实在浇得受不了，才听他瓮声瓮气地道："躲下雨吧！"可这时大伙儿的衣服已经全淋透了！于是有的社员就在背后骂他这头倔驴，他假装没听见。

那些年水利工程多，一进入冬季农田水利工程工地，队长除了带总工外，还要带一个体弱力气小的小组。这些人别的组都不肯要，他把这些人都集中在他组里，由他带着。为了不影响整体工程进度，他带的小组每天都是上工最早，下工最晚，中间歇息的时间也最短。他还把最重的活儿留给自己。抬大筐时他执意向后拉，总给前面的人留出大半个杠，整个大筐几乎抱在他的怀里。由于抬筐都是爬坡，队长个子又矮，分量几乎全在他这一头了。这样干活总是很吃亏，但他从来没有任何抱怨。

生产队每年都有一次选举。

选举都是在年终决算以后，队上开个会，大队干部和全体社员悉数参加。大家当场拟定人选，接着投票。每人发个一指宽的白纸条，把你要选的人写上。然后唱票、计票，一般都是差额选举，得票多的便当选。这个过程非常简单，但是基本上在几个月前就有可能开始酝酿候选人了。因为大家常年在一起，他的一举一动都在社员眼皮底下。谁在下年当生产队领导，社员在一起就会有议论，所以等到正式选举的时候，社员心里早已有数，也是水到渠

图3　生产队社员开会，选举小队长（1976年）

图 4　生产队长要时刻关注农作物的生长状况（1977 年）

成的事了。社员选举出来后，还要报公社批准。小队干部每天直接面对社员，接受社员监督，如果群众威信不高，小队长也当不成，谁说也没用。

挣工分

工分是人民公社时期独特的计工方式，社员管干活叫"挣工分"。

那时的社员也是实行按劳计酬的办法，生产小队设有记账员，每天收工前，就把大家集合起来，公布工分。

当记工员可谓是个苦差事，他不但每天记好出工的人数，还要扣掉迟到和缺勤社员的工分。记工员不但要做到工作认真，还要经得起别人的怀疑与指责，更要经得起骂。有些社员喜欢找茬儿，不想干重活，还想多拿工分，老是觉着记工员给他记少了，骂骂咧咧不算完。虽然是个吃力不讨好的活，却责任重大，直接关系到每个社员的切身利益。因为工分就是劳动付出的报酬，是一切实物分配与现金分红的根本依据。拼死拼活干一天，也只有十分工，要是漏记或搞错了，不就是白干了吗?! 会计与记工员相比，工分是分配的关键，所以一个公正公平的记工员，比起会计来更重要。

那时候挣工分，男女老少根据体力划分成不同的劳力。一个壮劳力干一天是十分，也叫一个工。妇女则根据农活轻重，分别给予五分和七分不等。那些年老的社员，也是根据农活的分类进行评分。工分是要大家公开评议的，你说我应该算十分。那好，给你一把铁锨，和一个十分工的人比翻地，你只要和人家干得一样就给你十分。

每天队长和妇女队长会在下工时或傍晚派第二天的农活，也是根据社员的体力，安排相应的劳动。如果有些活赶时间，也会安排个别不是壮劳力的

图5　每天收工前，生产队记工员核实工分（1976年）

图6 一个壮年劳力干一天是十分工，到年终决算能分到一角钱（1977年）

干重活，但那样就给算和壮劳力一样的工分。那时能干的人都喜欢干重活，因为能多挣工分。

在当时，农业基本上全靠人力和畜力的情况下，男人是生产队里的擎天柱。有时到晌午收工时，队长就招呼大家说：今天出工的社员，无论男女队上一律管饭！于是就去了一户提前安排好的社员家，男劳力每人有一张烙饼，地瓜稀饭随便喝。女人则没有烙饼，只能喝地瓜稀饭。如果有突击任务的重活时，生产队也会买上一些锅饼，再买上一个猪头或是一挂猪肠子煮上，到地堰上摘些山豆角，炖上一大锅。在农忙时，这种做法是鼓励社员多出工，多干活的犒赏。只是事前是保密的，往往只有队长和会计知道，否则就失去激励的作用了。那些没去上工的人，听到后都悔青了肠子。

那些人口多，劳力少的社员家庭也一样能有饭吃。因为那时按照"人七劳三"的分配政策，这就使得壮劳力多的社员家庭经常牢骚满腹。而那些丧

图7 青年女社员每天能挣八分工（1978年）

失了劳动能力的孤寡老人和"五保户"，生产队也照样分配给正常口粮。

以前到了学校放假的时候，我们这些中学生也到地里去干活。生产队利用冬闲时候修水库和整修大寨田，我们也想给家里多挣点工分，就到工地上去推土。他们嫌我们推得少，就不让我们推车。我们只好和女劳力一起抬土，其实这是个比推车更累的活，那杠子压在肩上越压越酸，最后把肩膀都压肿了。但为了挣那七分工，你就得坚持。像我这样的抬一天土，只挣到七分钱，这就是我那时劳动的价值。

交公粮

每当夏收和秋收以后，都要以生产队为单位上缴公粮，每个生产队除了按规定给社员分一些口粮，并稍微有些集体预留种子等少量储粮外，基本上都如数上缴了。

交公粮是社员对国家尽的一种义务，按照当时的经济条件，从数量上来讲，似乎也远远超过税赋的意义。因为当时实行的是计划经济，每年公社都要按照上级的要求并参照各个大队的土地数量和种植情况下达一定的产量指标，而大队又将这些任务分解给属下的生产小队，如果没有较大自然灾害等特殊情况，粮食下来后生产队就得按计划交公粮了。

交公粮基本上是一年两次，夏收后交麦子，秋收后交玉米、地瓜干和一些少量的杂粮，也有的地方还需要按计划交纳花生和大豆等油料。那个年代的收入分配的原则是国家得大头，集体得中头，个人得小头，提倡讲贡献。所以每个生产队都是竭尽全力上缴公粮，即使遇到灾害歉收的年景，宁可社员群众自己勒紧腰带，也要最大限度地完成向国家交纳公粮的任务。

每到收缴公粮的时间，公社粮库会为各大队的生产队排定一个送粮的顺序。那时农村的通信条件十分不便利，有些偏远的山区农村接不到通知，常常造成几个生产队送粮的时间重合在一起。在粮库门前排队等候交粮的队伍经常是绵延二三里路，有时甚至要等上一整天。尤其是交夏粮的时候，在正

图8 公社社员在扒玉米，准备上缴公粮（1978年）

图 9　往县粮库运送公粮的车队（1977 年）

午太阳的炙烤下，那些本已累得筋疲力尽的社员，蔫蔫地守在粮车旁，一个
个晒得满头大汗，肚子饿得咕咕叫，那憔悴的脸上无不显露出一股焦急的神
情。

　　那时也鼓励卖余粮，并且价格也是统一规定的，但如果卖得多了，公社
也给予一些优惠购买化肥的鼓励和奖励。不过，那年月粮食亩产普遍都不高，
绝大部分生产队实际上并没有多少余粮可卖，但是迫于政治形势的要求和对
国家的虔诚心情，以及大队和小队干部们为了能得先进扛红旗的原因，不少
生产队都会在交完公粮后千方百计再向国家卖一些粮食，甚至有个别地方发
生过把群众的口粮也卖掉的情况，以此换取县里和公社的表扬。

　　到了 20 世纪 80 年代，实行土地承包以后，农民依然要上交公粮。有些
家庭粮食打得多，就主动卖余粮，国家也乐意收购一些议价粮。但这期间卖
余粮的价格，远远超过生产队时期卖余粮的价格了。

五保老人

　　那年月，几乎每个生产队都有五保老人，多的四五个，少的一两个。这些人要么没儿没女，或光棍和寡妇，要么残疾和痴呆，都是不能自食其力的人。

　　五保户还受年龄限制，光棍和寡妇等须得失去劳动能力后才开始享受。一旦列入了"五保户"，除了生产队分配给正常口粮外，公社还给予过冬被

图 10　五保老人都是没有亲人、失去劳动力的孤寡老人（1977 年）

褥和部分零花钱。按理说，五保户是最自在的，衣食住行，生老病死，都是集体包下来的，这么自在的身份，却没有人愿意加入这个行列。因为他们不愿意把自己当成弱势群体和社会底层的人。当了五保户，就意味着自己绝了后代。所以谁也不愿意去当"老绝户"。

有的五保老人一直病恹恹的，那些久治不愈的气管炎，入冬就喘得蜷缩着，是风都能把他刮跑。这些老人身边又没有孩子，生产队就安排入党和入团的积极分子，去给五保户干些担水和劈柴的活儿。有时病了，生产队就安排专人推着去医院看病。这些五保老人也很知道感恩，尽量不给集体添麻烦。在收麦的时候，连走路都不稳的小脚五保户老太太，也提个篮子，大热天义务拾路上掉的麦穗。她们磕磕绊绊地捡着，拾满了就送到生产队的打麦场上。

那时生产队经常要招待一些人吃饭，比如整修农具请来的木匠和铁匠，下乡轮流演出的电影放映员，来生产队给牲畜看病的兽医，以及冬天请来的说书艺人等。凡是来人吃饭都安排在五保户家里，做饭的人也由队委会敲定，

图 11　五保户由生产队供给口粮，公社还发给被褥和零用钱（1977 年）

选一个厨艺较好的中年妇女来担任。等客人吃完剩下后，五保户就可以尽情地享用了。

有些五保老人去世了，因为没有孩子，就由生产队里负责办理丧事。尽管队里还不富裕，也要尽量把丧事办得体面一些。队里还找人请来一帮喇叭匠，又扯上二十丈白布，把丧事办得很隆重。出殡时全队的社员都参加，送葬的队伍排了半里路。有时比那些正常的家庭丧事办得还气派。

自留地

自留地是人民公社化时期的产物，是按政策规定分配给社员长期使用的小块土地。1961年中央关于农村工作的"六十条"规定，分配给社员的自留地，一般占当地耕地面积的百分之五，可长期归社员使用。社员可以利用剩余劳动力和劳动时间，生产各种农副产品，满足家庭生活和市场需要，增加收入，

图12　社员还是对自留地里的庄稼最上心（1977年）

图 13　在自家的地里间作蔬菜，就满足家人的吃菜了（1983 年）

活跃农村经济。

　　有了自留地，社员除参加集体生产劳动外，把相当精力都投入到自留地的经营上了。生产队里的大集体劳动，用社员的话叫作蔫驴不闲，根本体现不了多劳多得，见天在集体的地里磨洋工，不但白天要干，还常常搞什么大会战。挑灯夜战是很稀松平常的事。就是这么干，也是光挣工不见钱。所以人们就把精力偷偷地投入到自留地里，当时流传人们都在"大块地里养精神，小块地里打冲锋"。

　　自留地不像大集体的地受政府计划指令约束，社员想种什么就种什么。多数的社员，还在自留地划出一小块菜地，种一些四季应时的蔬菜，这样就解决了一家人的吃菜问题。剩余的土地精耕细作，一年两熟，充分提高土地利用率。自留地的收入对于维持一家人的基本生活来说，确实发挥了不可低估的作用。特别是那些庄稼行里的好把式，更是把那点有限的自留地，摆弄得像花儿一样。还有的为了肥水不流外人田，参加生产队的集体劳动的时候，拉屎撒尿都硬憋着，跑到自家的自留地去解手。

那些到了古稀之年的老年社员，已经成了生产队的附带劳力。平常在队里干些看护场院和薅牛草等一些轻活，参加生产队集体劳动也是想去就去，不想去就在家，没人和他们攀比。他们就抽空把自家的自留地经营得非常好，种几畦菜，再种点西瓜和香瓜，悄悄地拿到集市上卖成钱，给上学的孙子买个铅笔和本子。

在极"左"路线时期的历次政治运动中，那些"积极分子"和"造反派"要割资本主义尾巴，说自留地是"三自一包和四大自由"的产物，有的村收回了社员的自留地。有的生产队没有取消自留地，只是调整为自留地上山，为丰产田让路，原先可以种蔬菜的也种不成了，山岭薄地上产量很低，社员的家庭收入自然减少了。

1978 年十一届三中全会以后，农村实行家庭联产承包责任制，社员原有的自留地全部纳入实行承包经营的土地范围内，自留地就此永远地消失了。

忆苦思甜

"天上布满星，月牙儿亮晶晶，生产队里开大会，诉苦把冤伸。万恶的旧社会，穷人的血泪仇，千头万绪，千头万绪涌上了我心头，止不住的辛酸泪挂在胸……"这首《不忘阶级苦》的歌曲，对于许多中老年人来说，可谓耳熟能详，人人会唱。歌中唱到的，就是当年生产队"忆苦思甜"的事。

每到秋收结束，要交公粮的时候，生产队就要开忆苦思甜会，请苦大仇深的老贫农给社员们讲那些苦难的家史。张老太一边说着一边哭，给大家讲他们在旧社会如何吃不饱穿不暖，挨地主老财欺负的悲惨日子。当说到她爹娘和妹妹被鬼子的飞机炸弹炸死的时候，已经哭得说不出话来。

有位刘大爷父母双亡，从小给地主家放牛，大了就给地主做长工。有个大雪天，他到山上给地主砍柴，一不留神摔到了山沟里，昏死了半天才醒来。讲到激动处，霍地把衣服扒开，让社员们看看他当年留下的伤疤。

这时，队长开始带领大家呼口号："打倒国民党反动派！""打倒万恶的旧社会！"人们也义愤填膺，跟着振臂高呼。队长接着说："咱们今天能过上太平日子，多亏了毛主席和共产党，咱们要感谢恩人毛主席和救星共产党，千万不能忘本。可有些走资本主义道路的人却要复辟资本主义，让咱们再回到旧社会，受地主反动派剥削和压迫，让咱们再继续过穷苦日子，咱们答应不答应？"

大家振臂高呼："不答应！"

队长接着号召大家："为了不再过苦日子，咱们就要好好干社会主义。我们把公粮交上去，就是为了更好地建设国家。解放军同志吃了我们的粮食，才能保卫我们安定的生活。大家乐意不乐意交公粮？"

社员们擦干眼泪，大声回答："乐意！"

开完忆苦思甜会，接着吃"忆苦饭"。用麸皮、米糠和地瓜面混合后，加了菜叶、树叶和野菜蒸的窝头，难以下咽。队长带头拿起窝头就啃，其他社员也强打精神吃了起来。

图 14　听到动情处，台下哭声一片（1977 年）

那年冬天修水库

前些年父亲还健在的时候，我和年迈的父亲说，别老在家里闷着，趁着还走得动，我拉着你出去转转吧。我知道年轻时的父亲是个从来闲不住的人。父亲说，老了，哪里也不想去了，但有个地方倒真想去看看。

父亲说的是沂水境内的跋山水库。据史料记载，这座水库是"大跃进"时动工修建的，当时投入民工六万余人。民工都是仿军事编制，分为师、团、营和战斗小组。父亲当时是诸葛团古村营的营长，带着附近十几个村的几百民工参加了构筑大坝的会战。

水库清基的时候正值寒冬。清基的目的无非是把大坝基础下的淤泥清理出来，直到清理到坚硬的岩石，这样构筑的大坝才结实。父亲所在的营就承担了部分清基的任务，他们要把一个泥塘里的淤泥一锨锨地清出来。那年月天气特别地清冷，数九寒天的，人穿着棉袄都冻得打哆嗦，要跳到结了冰的泥塘里去挖泥，那滋味就可想而知了。

就像过去打仗时的战前动员一样，经过发动，有十几个党员和正在要求入党的青年站了出来。担任师长的县委书记张方庚亲自给父亲和他的突击队员们壮行，在热情地鼓励一番之后，给每人斟了满满一碗酒。父亲喝完后第一个跳下泥塘，后边的人也跟着下饺子一样跳下去。

寒冬的冰凌像刀一样划破了他们的腿，他们也没觉得痛，刺骨的寒冷早把他们的腿冻得麻木了。抵御严寒的唯一办法是不停地挥动铁锨往上抛泥，只有剧烈的运动才能使人不至于冻僵。岸上的人使劲为他们喊着激动的口号，他们也用战栗的声音回应着。

渐渐地他们没了声音，脸色由绛红慢慢变成了青紫，全身的血液在一点点地凝固，但他们丝毫不敢怠慢，仍努力地挥动铁锨往上抛着。他们往上抛泥的速度越来越慢，当他们中的一个终因体力不支歪倒在泥塘里的时候，其余十几人也像被传染了一样，相继缓缓地倒下了。

岸上的人顾不得再喊激励口号，急忙把他们从泥塘里拽出来，此时他们已经冻得站不起来了，一个个躺在地上，像一坨坨的泥巴。身上的泥水经冷

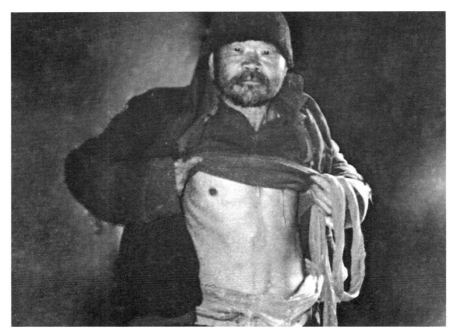

图 15 这位大爷讲到激动处，掀开衣服，亮出身上的伤疤（1977 年）

图 16 公社水利站的技术员做水利规划（1976 年）

图 17　公社组织社员加高水库大坝（1976 年）

图 18　生产队女社员在水库大坝上打夯（1977 年）

风一吹，顿时结成了冰疙瘩。团长急了，赶紧找人强拽硬拖地架起他们，边为他们敲碎腿上的冰，边硬拽着他们活动。就这样连拖带跑不知过了多长时间，他们才感到腿脚有了些痛的感觉。而在他们上来的时候，第二拨人已经跳下去接着挖了……

生产队里除了开展"农业学大寨"，还大力提倡"兴修水利，改造山河"。每年夏秋庄稼收割后的农闲季节，便开展农田水利基本建设。工地上人声鼎沸，车轮滚滚，夯声不断。尽管社员们缺衣缺食，生活艰难，有的人家吃了上顿无下顿，但修起水利来却不甘人后，干劲十足。他们使用镢头、铁锨、条筐和独轮车等最简陋的工具，完全靠肩挑手推，筑起坚实的水库大坝。

修水库基本是以村为单位，在自己村进行。有时也由公社集体组织，分片进行，几个村的社员集中起来修一个大水库。有条件的大村庄，中午就在工地上给社员解决午饭，提供的无非就是煎饼和咸菜。正是在"人定胜天"信念的鼓舞下，修了大大小小的水库，才部分地改变了山区农村干旱缺水的状况。

赤脚医生

"赤脚医生"是"文化大革命"中产生的一个新生事物。人们形象地把"不拿工资，在家种地"的农村卫生员称作"赤脚医生"。他们和社员一样，采用的是不拿工资拿工分的计酬办法。

20世纪70年代的农村，每个生产大队都要配备赤脚医生。他们一般都经过公社医院的短期培训，其医术当然不能像医学专业学校毕业的医生那样精湛。其实他们就像"万金油"一样，不管中医还是西医，不论内外科还是妇产和小儿科，多少都要通点。因为大队医务室是最基层的农村医疗单位，所有病人都要先从这里经过，所以就要求赤脚医生必须样样都会一点。治疗原则是不误诊，不耽误病人。自己拿不准的，赶快送公社医院。

我的一个远房大哥，高中毕业后回村当了赤脚医生。由于他爱学习，尤其喜欢研究中医，用很少的草药和偏方就能治好一些疑难杂症，成了远近闻名的乡间名医。好多外地的病人也慕名前来求医，他所在的大队卫生室，常

图 19　等待看病的社员（1979 年）

常人满为患。最后只好连大队办公室也腾出来给他做了临时病房。

那时候，上级对农村合作医疗非常重视，对赤脚医生的培训工作也抓得很紧。从 20 世纪 70 年代开始，上级卫生部门对赤脚医生统一进行培训，都是请地区医院和县医院的专家或名医讲课。学习内容也非常系统，从人体解剖到医学病理，从门诊到病房，从中医到西医，从诊断到治疗，几乎全都接触到了。经过不断的培训和实践，他们可以很熟练地诊断和治疗农村的常见病和多发病，还可以做一些简单的手术，也能实施一些农村常见的触电、溺水和农药中毒等的简单急救。为了减少社员的医疗费用，他们普遍学会了针灸和拔火罐等民间疗法。记得那时候的赤脚医生给病人看病，是不准戴口罩的，为的是不和病人拉开距离。急救时对休克病人要嘴对嘴进行人工呼吸，有的甚至用嘴给病人吸痰。

虽然干赤脚医生看起来活很轻，工分和下地劳动的壮劳力一样高，但他们也确实很辛苦。他们除看病外，还担负着农村的灭蚊灭蝇和环境卫生等工作。

图 20　生产队卫生室的赤脚医生为社员取药（1980 年）

图 21　病人都要自己带着被子来诊室（1980 年）

还有一项最重要的任务是防治各种传染病，为此每年都要花费大量的时间和精力，比如预防疟疾、清查血丝虫、防治小儿麻痹症和接种各种疫苗等工作。他们利用空闲时间上门为社员送防疟疾药，给小儿服预防麻痹症的糖丸，为孩子们接种各种疫苗，等等。每到夏季的夜里，还要挨家挨户登门抽血化验血丝虫。

据报道，到20世纪70年代末，我国已经清除了常见的主要传染病，其中严重危害人民生命安全的天花、霍乱等也都绝迹了。这些成果里，也有赤脚医生付出的辛勤劳动和心血。

"地瓜主义"

在沂蒙山区农村，地瓜是最主要的农作物，也是社员的主要食粮。

多年以来，这里的地瓜都是几百年传承下来的老品种，长得像细长的根一样，产量很低，一口咬下去，嘴里全是地瓜丝，难以下咽，慢慢地就种得少了。1958年，公社推广了"胜利百号"大地瓜，质量有了很大改善，结的地瓜又大又好吃，产量一下提高了几倍。社员尝到了甜头，种植面积也越来越大了。有个公社书记在讲到国际形势时，曾经戏言：美帝国主义有什么了不起？我们就用"地瓜主义"，来打败他们的"帝国主义"！

那时候，社员家里都有几分自留地，差不多都是种的地瓜和玉米，秋收完后再种小麦。老百姓经常说，人生天地间，庄农最为先。农历八月初，在地瓜收获前，社员们都会提前刨一些给家人吃。玉米也不等成熟，就掰下来给孩子们煮着吃。

有一年的雨水特别大，整个夏秋两季都在不断下雨，很多庄稼泡在水里，有些都涝死了。这年秋季收成很差，地瓜长得就跟胡萝卜似的。大家经历过1960年挨饿的时光，再也不敢像以前那样，放开肚皮胡吃海喝了，而是精打细算，小心翼翼地过日子。收获地瓜时，哪怕一个手指头粗细的小地瓜也舍不得丢在地里。收地瓜前，还把地瓜叶都收起来，因为用地瓜叶熬菜，要比其他树叶好吃多了。

秋天把地瓜切了，晒干，很容易储藏，加工起来也方便。社员们长期食

图 22　地瓜食用方便，煮熟即食，是彼时农村社员的主食（1978 年）

图 23　社员的午饭，就是地瓜干煎饼卷大葱（1983 年）

图24 自己晒地瓜干的孤寡老人（1981 年）

用地瓜，也变换出了很多吃法。最普遍的做法就是地瓜干煎饼，把地瓜面用宽水泡好，过滤掉里面的黑水，放到鏊子上薄薄地滚一层，就成了薄如蝉翼的煎饼。地瓜面掺上少许榆树皮面，烫好后做皮，萝卜和豆腐做馅，蒸出来的大包子醇香筋道。还有一种更精细的做法，把地瓜面洒上水珠，形成一个个绿豆粒大小的面团，用筛子均匀地筛在蒸锅的笼布上，旺火蒸熟，就成了松软可口的发糕。

我从小都是以地瓜和玉米为主食，因为天天吃地瓜伤了胃，以后看见地瓜就反胃。这些年在饭店和酒楼的餐桌上，经常有地瓜面和玉米面的窝头端上来，有时还会有煮熟或烤熟的地瓜。大家都兴高采烈地争来抢去，我却从来都不动。说实话，地瓜和玉米，我从小就吃够了。

戏匣子

在以前，沂蒙山区农民习惯地把收音机叫做"戏匣子"。

而在 20 世纪 60 年代初期，戏匣子指的是有线广播喇叭。记得小时候，

421

每家都挂个有线广播喇叭。用一根线接到每家每户的喇叭上，另一根地线接到地上的一个钉子上。有时天旱，喇叭声音就小了，给钉子下的地线倒上水，声音才大起来。喇叭里的声音来自县广播站，除了播新闻，也唱戏。社员最关心的，还是喇叭每天一次播放的天气预报。特别是到了农忙时节，关注天气实在是太重要了。

　　到 20 世纪 60 年代末，有在外地当兵的复员回家，带回来一个半导体收音机。社员们对这个木制外壳的"戏匣子"迷惑不解，好奇地围着这个怪物，收听着新闻和戏曲。"五保户"张大爷显得更是痴迷，他眯缝着双眼，笑眯眯地转到"戏匣子"木壳的后面，看了又看，自言自语地说："奇怪，这唱戏的人在哪里啊？"一席话，逗得村民们哄堂大笑。

图 25　社员得到外界信息的唯一渠道，就是听县里的有线广播（1976 年）

图26　有收音机为伴，卧床的病人不再寂寞（1981年）

　　那时农村没有什么业余生活，夏天社员干活回家，匆匆吃完晚饭，就到生产队打谷场上听收音机。几十人围着收音机，支棱着耳朵，屏气凝神地听着。村干部和有点文化的社员喜欢听"新闻和报纸摘要"节目，了解一些上级指示精神和国内外发生的事。孩子们喜欢听"小喇叭"和"星星火炬"，听不几句，就被大人调到别的频道，惹得孩子撒泼哭闹。老人则钟情于"戏曲园地"和"评书联播"，有的长篇评书一播就是一个多月，他们听了上篇还挂念着下篇，夜夜不落下。这里的农民一辈子生活在乡村，甚至连县城都没有去过，现在能够足不出户听"大戏"，那高兴劲就甭提了。每到广播结束，听得入迷的社员们才恋恋不舍地散去。冬天夜长，收音机到了10点就没有台了。社员们听得正在兴头上，别提有多扫兴。有的青年不死心，转着旋钮，反复地调来调去，里面除了沙沙声，什么声音也没有。

　　20世纪80年代初期，我一个当海员的朋友在日本买回了一台二十一英寸电视机，我就把原先那台十四英寸的黑白电视机带回老家给父母看，这下可轰动了全村。一到晚上，来我家看电视的有上百口子人，把天井挤得满满的，连墙头上都坐满了人，把我们家的咸菜瓮都踩碎了。最后老爸只好把电视机搬到生产队的打谷场上。那时信号极其微弱，时有时无，就把天线绑在树梢上，才勉强看出点影来，声音也听不清。尽管这样，也阻挡不住村民看电视的热情。在播放《霍元甲》的那些日子里，村里上百口子看一台十四英寸的黑白电视机，那场面该是何等热闹！

庄户饭

社员家的庄户饭简易而清淡。

四十多年前，农村生活还很贫困，能吃上煎饼、窝头和咸菜就不错了，很少有菜吃。从生产队里分的花生，每年才打几斤花生油，更谈不上炒菜了。社员把南瓜或是土豆放点盐煮熟，就当菜吃了。有时候在玉米粥里面放上萝卜条，就连菜带饭都有了。

到了 20 世纪 70 年代末，农村生活得到一些改善，好多农户开始做豆沫吃。煎饼和豆沫，成了庄户人家经常吃的饭菜。豆沫，也叫渣豆腐。它是把大豆磨成豆沫糊，掺和菜叶做成的。尽管叫豆沫，那时用的黄豆很少，做成的豆沫几乎看不到豆子，都是黑绿色的菜。能吃上这样的菜，也算是社员家的美餐了。在山区农村，可用来做豆沫的菜叶种类繁多，春天的荠菜、菠菜、苦苦菜、蓟蓟菜，夏天的萝卜缨子、白菜叶，秋天的嫩地瓜秧子，都是做豆沫的好原料。这种菜做起来也较容易，无论什么菜叶，只要把它洗净，切碎，然后用热水一烫，经淘洗，攥去淘洗水，连同磨好的豆沫糊放在锅里，加盐，搅拌均匀。先急火，后慢火，熬半小时左右，一锅豆沫就做成了。

揭开锅盖，一股清清的香气扑鼻而来。盛在碗里，稀稠可人，碧绿的菜梗菜叶，和着淡淡的豆沫汤汁，咸淡适宜。咬一口煎饼，就一口豆沫，喝一口汤，真是舒服。

如果在豆沫锅里再炖上一碗红辣椒，那就更美了。农家舍不得用鸡蛋，就把切好的红辣椒、葱姜和盐，放在一只大碗里，舀上一勺豆沫糊，把碗蹾

图 27　豆沫里面只有很少的豆子（1979 年）

图 28　在玉米粥里放上菜，连菜加饭都有了（1984 年）

图29　老人舍不得吃，留着白面烙饼喂孙子（1984年）

在菜锅里。等豆沫熟了，辣椒也炖熟了。碧绿的菜叶承托着一簇通红的炖辣椒，你一定馋涎欲滴了！

吃饭的时候，端上一盆煮熟的地瓜、玉米和带壳的花生。那地瓜红皮里裹着淡黄色的瓤，吃一口，又甜又香。那玉米如一颗颗珍珠晶莹透亮，啃一口，满嘴软糯幽香。剥去花生的硬壳，把几粒花生米投到嘴里，一嚼，面嘟嘟，香喷喷。

晚饭，就炒山豆角喝糊糊。山豆角是田边地堰上种出来的，不施化肥不洒农药。熬熟了，就一口幽香绵远。这糊糊是玉米面做成的，再在糊糊里放了一些萝卜条，撒了一把大黄豆，又放了一点儿盐。喝着不稀不稠的玉米糊糊，又软又畅，猛然间，吃到一颗大黄豆，细细嚼来，又香又脆，又吃到几根萝卜条，中间有点咸味，喝一碗还想喝。如果碰上麦收季节，那刚打下的鲜麦子，捧在手里闻闻，有一种独特的清香。把它放在碾上压扁，略放一点盐，掺上青菜熬成菜粥，吃时配上春天腌渍的香椿芽，能把你的肚皮撑得滚圆。

在农村，一辈又一辈的庄户人获得了大自然丰美的馈赠。淳朴的庄户饭孕育了庄户人淳朴的性格，铸造了庄户人强健的体魄，滋养了庄户人久长的寿命。

分田单干

1978年12月，中共十一届三中全会在北京召开，全会的中心议题是把全党的工作重点转移到社会主义现代化建设上来。批评了"两个凡是"，停止使用"以阶级斗争为纲"的口号。

1979年春节过后，沂水县召开了县、公社、生产大队和生产队四级干部会议，贯彻落实中共十一届三中全会精神。会议历时十三天，以公社为单位组织了讨论。很多干部的思想一下子转不过弯来，县里就分期分批举办学习十一届三中全会精神的学习班，统一大家的思想。在农村，依然沿袭着人民公社的生产模式。

1980年秋，沂水县为了贯彻中共十一届三中全会精神，在部分公社和生产大队试行了联产计酬，超产奖励，将零星土地分给户种，收入归己。按人

图30　生产队丈量土地，分到农户，结束了生产队吃大锅饭的历史（1980年）

图 31　用木犁耕地的一家人（1984 年）

口分地，包产到户统一分配和分田单干等几种管理模式。走了二十多年人民
公社化的集体道路，吃了这么多年的大锅饭，猛地要把地分了，好多人还真
是想不通，特别是一些劳力少人口多和孤儿寡母的社员更是担心。

　　这年冬天，我到村里拍生产队社员分地的照片。他们拿着丈量土地的杆子，
按照人口把地分到每户社员家，从他们洋溢着笑容的脸上，我看到了他们拥
有自己土地的满足。从此，也结束了人民公社吃大锅饭的历史。我拍完照片
后到老书记家吃饭。他是老退伍军人，曾在淮海战役中负过伤。他当书记几
十年，一直是县里的先进干部。这次实行包产到户，他心里很纠结，还怀念
着人民公社时期的日子。他泪眼婆娑地和我说："辛辛苦苦几十年，这不一
夜又回到解放前？"还有一位老贫农拉着他的手哭着说："书记呀，我们托
了社会主义的福，跟着人民公社几十年，怎么忽然就不管我们了？"

　　还有一个老书记，眼看着多少年自己带领大伙积累的集体财产，一下子
都被分了个精光，他真的心痛极了：这好好的人民公社怎么一下子说散就散

了？分田单干后，为了多出点地来，生产队的灌溉渠道都被相邻的农户扒了，小队屋也都拆了，队里的财产也瓜分了。往日生产队的地，如今都成为各家各户的了。从此各家种各家的，也不用上级安排种植什么的了。他光抽闷烟不吃饭，好像一下子老了许多。过了些日子，就卧床不起了，据说是得了什么癌症。他去世的时候，乡亲们都很难过，好多人都哭了。

我们村也一样，尽管下面的干部社员有抵触情绪，但最终还是在公社派驻工作组的指导下，坚决贯彻上级精神，把土地分下去了。记得我们家分了六亩耕地，平均一口人一亩多。我们家还分到一条牛"腿"，和其他三户社员合用一头耕牛。这头耕牛只用了一季，因为使用和喂养等几家不好协调，就拉到集上卖了。我们家还分了一个盛粮食的囤和一张木锨，还通过抓阄分到一间烤烟房，因我们家没有会烤烟的，就转让给亲戚家用了。

尽管这样，大多数社员还是格外珍惜第一次分到的土地，他们再也不用队长催促着上工了，干活也不像给生产队里干活那样耍滑头了，他们起早贪黑地经营着自己的土地。以前在生产队里废弃的边角地，也被他们开垦出来，想尽一切办法扩大自己的地盘。分地以后，街上捡粪的也陡然多了起来，都巴望着地里多打粮食。分地以后，一些社员试探着做一些卖豆腐等家庭小买卖，集市上慢慢出现了卖油条和蒸馒头的小本生意。

（原载《老照片》第121辑、122辑，分别于2018年10月、12月出版）

1988：见证北京

胡武功

　　1988 年 11 月我有幸参加北京国际摄影周活动，第一次接触了在世界上享有盛名的欧美摄影家。七八天的时间里，白天跟随这些全球一流的大师们走街串巷，亲眼看他们如何发现题材，如何与人打交道，如何拍摄。晚上听他们讲述自己对世界的看法，对摄影的思考。

　　从摄影大师的言谈行为和作品中，我更加坚信摄影应该是件严肃的事业，

图 1　少女与士兵

图2　老北京

图 3　匠人

图 4　买冬菜

图 5 早餐

图 6 游客

433

图 7　小伙伴

图 8　售票员

图 9 旅途

图 10 遛鸟

图 11　练功

图 12　晨练

不是游戏，不是演戏，更不是儿戏。摄影的成功有时候甚至是用热血和生命换来的，例如罗伯特·卡帕、约瑟夫·寇德卡等。

他们是一群有欲望，有信念，有追求的人。坚持人道主义的人文关怀，勇敢地面对现实，诚实地记录现实，是他们摄影的灵魂。一幅幅展现直接影响人类生存与发展的影像成为全人类共同的精神文化财富。

欧美摄影师的谈话和他们的作品，对我不仅是很大的鼓舞，更有重要的启发。我想，虽然我不能像他们那样可以及时赶到世界上任何一个突发事件和重大事件现场，根据自己的意志拍摄。但是，我完全能够深入到国人最平凡的日常生活中，体察和拍摄他们真情的喜怒哀乐。民众的历史就是由这些细节构成的！

于是，摄影周期间我拍摄了天安门广场遛鸟的市民，风雪中排队换煤气，北京站候车的旅客，公交车上的售票员，拆迁工地的小伙伴，购买冬储菜，等等。三十年过去了，今天再回头看在国际摄影周期间我的摄影习作，真应了大师们的话：这些照片成为 1988 年北京的见证。

（原载《老照片》第 121 辑，2018 年 10 月出版）

王群镜头里的昔日青岛

薛　原

　　王群是《青岛日报》的摄影记者。在四十多年的摄影生涯中，他为青岛留下了海量的街头抓拍照片。与他刊布在《青岛日报》上的新闻图片相比，大量的摄影作品长年沉睡在他的底片库里。这些当年不宜以"新闻"面世的照片，现在回望，恰恰具备了更为深刻的历史价值。这一张张 80 年代青岛城市的真实记录，是为王群自己，也是为青岛这座城市留下的一宗宝贵的影像文献。

　　用王群的话说：摄影，让他"遇见"了青岛这座美丽城市的变迁，遇见了城市变迁中城市生活的活力与向往，遇见了时光里老百姓的柴米油盐，遇见了风俗画般各行各业的人文趣事……"摄影即生活，摄影即遇见"。这是王群背着相机走上街头的职业缘由和内心理由。或者说，他当年拍摄的每一张照片留存的都是时代的缩影。他每每梳理这些黑白胶片，都仿佛是在岁月穿梭中与时光会面和对话，都禁不住对往日莫名的叹息和对当下由衷的赞叹！

　　看王群的这些老照片，犹如重温 20 世纪 80 年代熟悉而陌生的青岛，那些我们熟视无睹的在城市的扩张中因时光碎片化而消逝的风景，我们不能不感叹时光的力量，或者说不能不感叹城市街头的变化，我们是在怎样的日新月异中让城市变得陌生而冰冷。老照片里的青岛，留下了那个时代的街头场景，也留下了那个年代的生活场景。譬如王群拍摄于 80 年代末的青岛火车站（图 1），镜头里是一群小学生正在站前广场清扫卫生。当时的青岛火车站广场，每当火车到达后背着大包小包的旅客走出站台时，"拉客人"

图1　20世纪80年代末的青岛火车站

便蜂拥而上，各显其能地向客人推介旅馆，从中赚取中介提成（图2）。今天再看当时的青岛火车站，更多的是复杂的况味，老火车站的那栋德建老楼承载着几代青岛人的记忆。始建于1899年的这座火车站，是德国人留给青岛的标志性建筑之一，也是国内靠海最近的一座火车站。一直到20世纪80年代末，青岛火车站的老楼依然如故，看到照片里的站前广场，就想起当时在广场上排队等着检票进站的情景，而那栋城堡式老楼的尖顶，还有老楼颜色斑驳的花岗岩墙体，像是被岁月打磨得失去了棱角且已经裹上了时光的包浆一样。消逝的老青岛火车站，连同这个城市里的许多风景，已经成了青岛人难以忘掉的昨日的隐痛。

　　再如，拍摄于1988年的青岛中山路上的国货公司大楼（图3）和国货公司大楼的内景（图4），这栋繁华一时的大楼在90年代初被拆除。今天走在中山路上，已经很难想象当年火热的中山路了。一座城市的街道，尤其是有了历史的老街道，集聚的人气不是一天两天能够形成的，但是，若是失去，却很容易。而中山路的凋零，就是从砍掉路边茂盛高大的法桐开始。还有王

图 2 "拉客人"

图 3 1988 年的中山路上的国货公司大楼

图4 国货公司大楼的内景

群拍摄于1995年中山路上的外文书店里的一角（图5），今日看来更是令人感叹不已：从80年代一直到90年代中期，中山路上新华书店旗下的三家书店——中山路新华书店、外文书店，还有古籍书店——几乎成了青岛书店的典型风景。而1995年，也成了青岛书店风景的一个转折点，也就是在1995年前后，青岛的人文独立书店开始出现。现在的中山路，已经没有了新华书店的踪影，而当时新华书店所在的大楼已在90年代末被拆除，而在原址兴

图 5 1995 年，中山路外文书店

建的高楼至今依然烂尾在那里，成了今日中山路落寞的一个象征。

1988 年拍摄的湖北路国营粮店前的场景（图 6），更是那个时代的典型：在粮店窗口买馒头的队伍长得拐了一个弯，那时粮本和粮票已经逐渐退出我们的日常生活。在我的记忆里，一直到 1985 年，去外地尤其是北京出差，还要带着"全国粮票"，否则到饭店里买水饺都成问题。而当时到南方，譬如苏州杭州，吃饭已经不需要拿粮票了。国营粮店的概念又是何时消失的呢？

图6 1988年，湖北路国营粮店排队的市民

我们往往对身边许多消失的事物没有印象，或对一些现象熟视无睹。还有当时中山路上的这家国营饭店（图7），一进店门，"为人民服务"五个大字牌匾格外醒目。旁边的墙上贴有服务提示牌：店内设公平秤、针线包、算盘、扎口绳等便民服务项目，一应俱全。国营饭店大部分是由20世纪50年代公私合营改造而来。在计划经济年代，粮食由国家统购统销，一般是不允许私人开饭店的。那个年代，在饭店吃饭，不仅付款还要付粮票。

也正是在20世纪80年代，个体饭店和小酒馆重新出现在青岛的大街小巷，例如王群1982年拍摄的四方路上那些小啤酒屋：饮用的散啤酒来自专用金属啤酒罐，青岛人称之为"炮弹"。小桌子、马扎子、五毛钱一罐头瓶啤酒，还有五香花生米——这是当年小啤酒屋的真实写照（图8）。那个年代最体现"个体户"精神的就是与中山路邻近的即墨路小商品市场的小摊贩，而王群的这张照片（图9）就给当时的小商品市场留下了一个侧影：中午时分，一位女摊主一边织着毛衣，一边等待顾客。这些款式新颖的墨镜，代表着当时的时尚潮流。随着个体户的逐渐壮大，紧跟而来的就是城市管理，例如公安、

图 7　在饭店吃饭，不仅付款还要付粮票

图 8　1982 年，青岛四方路上的小啤酒屋

图 9　即墨路小商品市场

图 10　街头的执法人员

图 11　1986 年冬季，青岛市民在街头购买大白菜

工商等部门的联合执法，不断对青岛车站、码头、道路等处乱设点摆摊的个体工商户进行清理和整顿……（图10）

再如1986年冬季青岛市民在街头购买大白菜的场景（图11），当年居民楼里狭小的楼梯道里垛满的大白菜与蜂窝煤是冬季寻常的一景。那些城市市民生活中须臾难离的粮店、煤店，都已经从我们的视野里消逝。王群的这些老照片里呈现的场景，在今天往往已经消失或发生了巨大的变化，但是，他当年拍摄的人们在湖北路粮店前买馒头排长队的场景，却依然并不陌生，同样的地点，同样的长长的拐过弯的队伍，依旧在这家已经换了名字的粮店前上演着，只是现在排队买的是号称"老味道""老配料"的各式面包，这里只收现金，拒绝手机支付。

再看1987年青岛费县路中心煤店现场生产蜂窝煤的照片（图12），更是远去的风景。在我的记忆里，我少年时的70年代普通人家日常做饭和冬天取暖，主要还是烧散煤，一直到80年代初，才在日常烧开水时用上了蜂窝煤炉子烧蜂窝煤。80年代我参加工作后，到了冬天，我当时所在单位部门里年轻人的一个主要任务就是帮助老师们买蜂窝煤，一群年轻人后边推着前边拉着装满蜂窝煤的小车一家家送，然后一块块蜂窝煤被整齐地堆叠进小煤屋里，那时单位宿舍楼下，往往有一排小煤屋，用来专门堆放蜂窝煤。

拍摄于1989年的安徽路公园自发的换房交易的场景，也是那个年代的特色（图13）。这个公园在1999年已改名为老舍公园，是青岛市较早形成的一处民间自由换房交易的场所。每逢星期天，前来交流换房的人络绎不绝。在房屋没有被商品化的时代，改变居住环境基本只有两个渠道：一是分房，二是自发于民间的换房。这些公园，在那时也聚拢了越来越多的人气。一位"气功大师"正在给一位市民隔空"发功"（图14）。当年，气功热风靡全国，市区内随处可见练功的场面，有些人对气功的迷恋达到疯狂痴迷的程度。当然，公园里更多还是休闲的市民，例如这张拍摄于青岛居民密集区的海泊河公园里的一角（图15）：附近的退休老人在此唱戏、聊天、遛鸟、下棋、打牌，这几位老人将鸟笼往树枝上一挂，马扎子一支，"够级"开始了。打"够级"是青岛流行的一种扑克玩法，六个人结队厮杀，在当时，王群和同事之间也喜欢打"够级"，输二分戴纸耳环，串"三胡"输六分就穿上用报纸抠洞的衣服。

图 12　1987 年，费县路中心煤店现场生产蜂窝煤

图 13　1989 年，安徽路公园自发的换房交易

"打够级"风靡青岛，公园里、广场上、马路边……到处可以看到打"够级"的场子。

　　现在已经习以为常的许多场景，在当时看来还是新鲜事物，例如在一些公开场合出现的模特表演，从照片里可以看到那个年代新鲜事物出现时的"青涩"：几个模特出现在青岛一家商场的开业仪式上，模特穿着当时流行的弹力紧身裤，进行"衣着秀"（图 16）。而那个年代的婚礼，也开始出现婚车车队：青岛和兴路，一对新人的婚礼，河沟岸上一排红色出租小轿车，正等待新人"上轿"（图 17）。那时出租车刚开始普及，青岛马路上除了公交车之外，还出现了个体经营的"小公共"车，既跑公交，又跑崂山旅游。"小公共"线路固定，站点不固定，人们招手即停，抢客拉客是常事，也引起许多非议……到了 90 年代末随着城市公共交通的发展，"小公共"逐渐淡出人们的视线。当时，在出租车之外，还有一种"三蹦子"车也扮演着出租车的角色，这张交警在马路上指挥"三蹦子"车的照片（图 18）更是留下了一道消逝的风景。

图 14　"气功大师"

图 15　退休老人的娱乐

图 16　模特"衣着秀"

图 17　和兴路的婚车车队

图 18　交警在马路上指挥"三蹦子"车

图 19　栈桥的游人

图 20　栈桥上的照相人

图 21　1991 年，沧口路通往市场三路之间的阶梯

青岛栈桥与青岛日报社隔街相望，王群自然也拍摄了许多栈桥一带的照片，往往在节假日，更是他拍摄游客逛栈桥的日子，例如他拍摄的春天里青岛栈桥的游人（图19）：一群头戴围巾的农村妇女格外引人注目，她们来自淄博的乡下，村里派出专车组织老人来青岛观光游览，她们当中年龄最大的八十一岁。而在栈桥上，还出现了一个自发的群体，这就是栈桥上的照相人（图20）：当时，栈桥有很多以照相为业的摊户，旅游季节生意火爆。但是，随着数码相机、手机的普及，曾经红火的照相业务已今非昔比。

　　王群拍摄于1991年的这张青岛沧口路通往市场三路之间的阶梯的照片（图21），给20世纪80年代的青岛画上了句号：从青岛沧口路通往市场三路之间，有一条五六十米长、用花岗石筑成的大台阶，市民称其为"大楼梯"。在台阶上，长年聚集着一些占地的卦摊，他们在此为人算命、测字、看手相谋生。虽被取缔多次，仍顽强地存在。青岛有石头台阶路一百余条，由于特殊的地理构造和人文历史，形成了这种独特的城市台阶文化。

　　王群作为新闻摄影记者的职业生活虽然结束了——他现在已经从报社办理了退休。但是，他的摄影生涯仍然没有结束，就如他所说：摄影，让他一次次遇见；摄影，也让他一次次体验；摄影，也是他一生的修行。最重要的是，王群说：他爱摄影！因为爱，也就有了一生的动力和最好的理由。用摄影为城市记录生活，也就是为城市记录真实的历史。

（原载《老照片》第147辑，2023年2月出版）

三十年前的深圳老街

李百军

"1979年，那是一个春天，有一位老人在中国的南海边画了一个圈……"这首20世纪90年代初唱遍大江南北的歌，形象夸张地描述了深圳经济特区的由来。当时流行的一个词叫"深圳速度"，说的是建设深圳国贸大厦时，三天建成一层的速度。正是这样的"深圳速度"，在此后四十多年的时间里，使深圳从一个小渔村发展成为一个现代化的国际大都市。

1990年借着到广东开会的机会，我到深圳住了几天，顺便来看望一下在这里工作的老同学。

当时的深圳正在如火如荼地建设中，比较繁华的是深南东路两边，已经建好了一些商场、宾馆和高高的写字楼。那些三四十层的高楼高耸云端，玻璃墙面闪着幽幽的蓝光，站在楼底朝上看，白云缓缓从它的顶部飘过，顿时感到晕眩。福田、皇岗和罗湖一些地方，虽然建起了一些商业设施和居民楼，但更多看到的是塔吊林立，机器轰鸣，那些几十层的高楼正在紧张地建设中，昼夜加班，从不停歇。"深圳速度"成了这个城市建设的代名词，"时间就是生命，效率就是金钱"的口号激励着深圳人快步疾行。

我有个大学同学毕业后被分配到广州，此时来深圳已好几年了，我去看他的时候，他已经是深圳某建筑集团的副总工程师，正在深圳机场的施工现场，汗流浃背地指挥着工人铺设机场的电缆。时值中午，他也顾不上陪我去饭店吃饭，只是去工地食堂拿了两个盒饭，我们就在工地上边吃边聊。吃饭期间，还不断把负责施工的工头叫过来，再三嘱咐一些施工中需要注意的问题。他对不能请假陪我感到愧疚，但我非常理解他，也让我真正近距离地接触到了

图 1　深南东路。摄于 1990 年

图 2　东门中路。摄于 1990 年

图 3　狭小的生活空间。摄于 1990 年

图 4　外地来采购商品的游客。摄于 1990 年

图 5　吃盒饭的摊贩。摄于 1990 年

图 6　小巷中的生活。摄于 1990 年

图 7　乡下来卖水果的农民。摄于 1990 年

图 8　到深圳谋生的农民工,在劳务市场找工作。摄于 1990 年

图 9　卖烤地瓜。摄于 1990 年

461

"深圳速度"的具体涵义。

我住的宾馆就在深圳老东门，这里是老镇居民比较集中的地方。没事的时候，我就到小镇里溜达。小巷民房中那些布满苔藓残破的墙壁，和光滑照人的石板路，彰显着小镇久远的历史。偶尔有几个当地老人，坐在门口榕树下，慢悠悠地摇着蒲扇，一边剔牙，一边品咂着功夫茶，那悠闲自得的神情似乎和这个节奏快速的城市毫不相干。而这些低矮古老的民居和比邻的现代化的城市风貌形成了鲜明的对比，小镇里那些百年老榕树，也见证了这个城市十年以来翻天覆地的变化。

出发前，单位的同事们知道我要去深圳，就叫我给他们带些小录音机和电子表等电子产品。带着给同事买东西的任务，我去了东门商业步行街——这里是商业经营比较集中的地方，也是深圳最早的商品集散地。经营户大多是深圳小镇上的老居民，他们凭借着毗邻香港得天独厚的优势，而沙头角的中英街离香港只有一步之遥。当地居民自然就成了做生意的商贩。他们借着特区身份的便利，经常出入香港来回捎带一些免税产品，所以有些商品就比内地便宜很多。

这里的小巷里遍布着密密麻麻的大小门面房，经营着服装、百货和电子器件等商品。最小的门面房只有几平方米，只能容纳一张桌子的空隙，靠着经营电子产品，每年也有非常可观的利润，难怪他们说这是个寸土寸金的地方。在这些门头房中间，也夹杂着一些小镇居民的住房，他们割出部分空间作为卖货的门头，自己就生活在狭小的空间中，有的只能容纳一张吃饭桌，一家人就挤在一起吃饭。有些喜欢安静的居民，不愿意生活在这嘈杂的商业区，就把门头租赁出去收取租金。

来这里采购东西的，几乎都是背着大包小包的内地商贩，他们急匆匆地穿梭在小巷各个门头，争取在有限的时间内，淘到更加丰富和便宜的货物，把这里物美价廉的商品带回内地去卖，很少有我这样闲逛着玩的人。我问了几个来自江苏的商贩，他们购买最多的是电子产品。这些电子表和小型收录机，带回内地去，差不多要加上一倍的价格出售，利润颇高。

我在为朋友们挑选商品的同时，用巴尔达微型相机，随手拍摄了这些照片。

（原载《老照片》第 134 辑，2020 年 12 月出版）

1996：北京纪事

任韶华

1996年，因工作需要报社为我配备了一台美能达7000i自动单反相机。

当时我一人负责一份四个版的《周末版》的版面设计和美术编辑工作。这是一张对开大报，每期除文字外还需要大量的照片、插图、装饰画等来美化版面。插图、装饰画我可以自己画一些，但有些配文的照片则需要报社的摄影记者来提供。但后来却发现他们的拍摄风格受正报的影响，提供的照片大都以新闻照片的模式拍摄，完全不适合在有着文艺、时尚、休闲等要素及品位的《周末版》上使用，所以我便申请让报社领导给我配备了这台相机：自己拍。也就从那时起我便正式端起了照相机。

在以后的日子里，我除了版面所需的采访拍摄照片，还经常趁节假日外出采风的机会，喜欢拍一些民俗风情和街道人文的照片。当时好像还没有"扫街"这个词儿，也不知自己要拍什么和拍的这些照片将来会有啥用处，就是凭感觉拍，拍完后在暗房里自己冲洗胶卷、印相和放大；那时候在我身上，"摄影"这个活儿除了应付工作也就是爱好了。

这组照片就是那时出差到北京，在北京街头闲逛时拍的。回到单位后，有次在阅览室看到一本图文并茂的杂志，叫作《北京纪事》，发现杂志的封二、封三和中心插页经常刊登一些北京街头的人文照片，我就将在北京拍的照片陆续给编辑部寄去，所以那几年杂志上经常会看到我的这些照片。当时因为发表的照片还有一段小故事呢。有一次我突然收到杂志社寄来的一大沓信函，内容是杂志社的一些起诉书和签字文件。原来，《北京纪事》上发表的我的那些照片被某纸媒翻用数幅，杂志社正与其打官司，可能为

图 1　天安门城楼下乘凉的人们

了增加起诉力度，所以给我寄来这些文件让我逐个签字，一个月的时间签过两次，每次还将回寄的邮票给我一起寄来，够认真的。但后来进展如何却没了下文，是《北京纪事》胜了官司得到了一大笔赔偿，还是不了了之，我便不得而知了。

最近一次偶然的机会，将这些当年放大成 10 英寸的黑白照片翻了出来，现在仔细瞅瞅感觉还是有那么一点点儿意思，照片上拍摄的一些影像至今还颇有印象。比如有几幅拍摄的是一家几口人，当时我在故宫里见到的这一家子五六个人吧，看到他们兴高采烈的样子可以断定是第一次到北京，因为他们看到各种东西都感觉十分好奇，他们中的每个人只要一发现有趣的景致都会大声喊着家人来观望欣赏，听他们的口音像是从南方来的，喊来喊去的非常活跃。他们其中的一员，照片上的这位花白头发的老汉长得瘦小精干，特别爱笑，眼睛里一直闪烁着亮亮的光，他穿着一身蓝色胜利服，领口露着一层小白边，脚穿白边布鞋，特别干净，手里还拿着一把黑雨伞，很有特点，

图 2　这一家人在天坛的回音壁前听着从另一边传来的声音，高兴得笑了起来

图3　故宫里，这位像是南方来的老人走到一扇门前手扶着门边，锁紧眉头似乎再想些什么……

图 4 在天坛观光时，看到这个小伙子听导游介绍说圜丘坛是皇帝冬至日祭天的地方，他就
势坐了下来，在外国游客前做了一把"皇帝"

图 5　两位苗族姑娘在路边兜售十字架项链等银饰品

图 6　一位老人在一树干上刻满了文字的树下锻炼身体

图 7 模特商店外吸烟的男子

图 8 长安街上，观光客在向人力车夫付乘车费

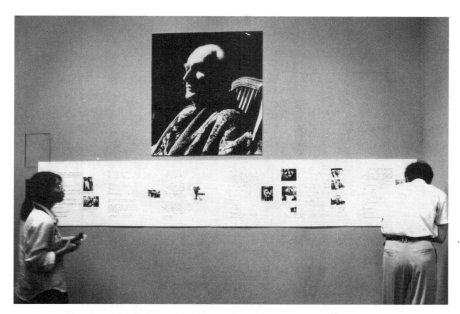

图9　1996年6月，法国艺术家、达达主义及超现实主义的代表人物和创始人之一马塞尔·杜尚的现代艺术作品在北京中国美术馆展出。这是两位观展人在看他的生平介绍

图10　地下通道口上方，一对情侣相拥驻足观景

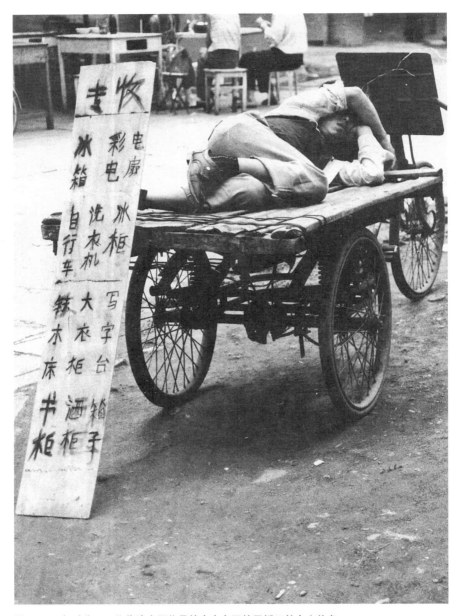

图 11　正午时分，一位收购废旧物品的人在自己的平板三轮车上休息

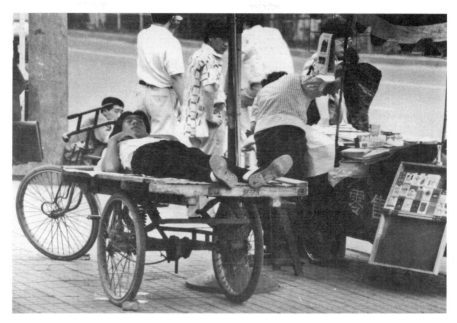

图 12　路边的香烟摊和在三轮车上睡觉的年轻人

图 13　周末，孩子们聚集在胡同里的屋檐下吃着西瓜、玩耍、讲故事

我不时地跟随着他拍，不知为什么，当他走到这扇门前手扶着门边时却突然沉静下来，锁紧眉头似乎再想些什么……这若有所思的神态，也被我有准备地用相机记录了下来。说来也巧，下午当我来到天坛公园时又见到了他们，这一家人还是那样兴致盎然地游玩喊叫，在回音壁前更是喜笑颜开。

现在想想，当年在北京的那些短暂的日子，不管是见到的场景或人与人之间交往的经历，真有许多值得回味的地方，也后悔当时怎么没有多拍几个胶卷（当时用的是黑白乐凯胶卷，一只拍三十六张，六七元一个，不过以当时的工资水平还真是照不太起。一笑）。但通过这不多的照片至少也能让我们窥见 90 年代京城百姓和旅游者们的生活和活动状态，比方说我拍到的那几幅表现人们在天安门城楼下乘凉的照片，人们是那样的闲适、自在、惬意，这也是我内心感到欣慰的一点。这样的画面，现在恐怕是拍不到了。

（原载《老照片》第 117 辑，2018 年 2 月出版，稍有修订）